将才

企业如何招才选将

李践 杨静 著

中信出版集团 | 北京

图书在版编目（CIP）数据

将才：企业如何招才选将 / 李践，杨静著．-- 北京：中信出版社，2020.9（2024.10 重印）

ISBN 978-7-5217-2170-6

Ⅰ．①将… Ⅱ．①李… ②杨… Ⅲ．①企业管理—人才—招聘 Ⅳ．① F272.92

中国版本图书馆 CIP 数据核字（2020）第 160953 号

将才：企业如何招才选将

著　　者：李践　杨静
出版发行：中信出版集团股份有限公司
（北京市朝阳区东三环北路 27 号嘉铭中心　邮编　100020）
承 印 者：河北鹏润印刷有限公司

开　　本：880mm × 1230mm　1/32　　印　　张：8.5　　字　　数：176 千字
版　　次：2020 年 9 月第 1 版　　印　　次：2024 年 10 月第 22 次印刷
书　　号：ISBN 978-7-5217-2170-6
定　　价：59.00 元

目录

推荐序一　做企业要先人后事

选人和选业务是企业的大事，而首要的就是选人。做企业要先人后事，而不是先事后人，即企业一定要找到合适的人才去做事，没有合适的人，即使遇到再好的业务，也不要涉足。在选人方面，《将才》这本书的理念方法与我不谋而合——强调企业要先选对人，而后才能做对事。

2020 年春天，我收到行动教育的邀请，成为行动教育校长 EMBA（高级管理人员工商管理硕士）的导师。我之所以愿意为中小企业的创始人传道授业解惑，一是因为我想践行自己的责任，把沉淀下来的 40 多年的企业领导经验和人生哲学总结出来，帮助那些正在追求梦想的企业家和管理者；二是虽然我与李践老师认识的时间不长，但他的奋斗故事深深地感染了我，我看了他的一些讲课视频，他清晰的逻辑和激情的表达确实很吸引大家。我也曾经几次到行动教育参观，每次都被行动教育的点滴打动。尤其是在人才培养方面，在行动教育学习的企业家不再互相称呼“××总”，而改为“××校长”，这意味着企业家是人才培养的第一责任人。

所以，在一个流金铄石的夏天，为李践老师和杨静老师的《将才》一书写一个推荐序是合适的，我也是发自内心地认为这是一本好书。

亚马逊创始人贝佐斯常说："你的人，就是你的企业。人不对，再怎么补救都没用。"可毕竟人才的脸上没贴着标签，想要把人选对，绝不是一件容易的事，其中大有学问。

首先，企业家要有一个梦、一个愿景，要能够为国家强大、民族的复兴承担使命和责任。也就是说，企业家要有金钱以外的追求。很多企业家做到一定程度，金钱多少已经对他们影响不大。这时候，他们的动力更多不是来自金钱，而是来自理想、信念、责任、使命。

其次，企业要选"精兵"。企业要有所为有所不为，集中优势兵力，毕其功于一役。所谓舍得之道，有舍有得，不舍不得。兵贵在精干，而不在多少。《将才》的观点是，选"精兵"要注重德、才、岗。我非常赞成这一选拔标准。人格厚重就是我们讲的"德"。但是人才不光要有德，还得有才。所以我在选人时看重两点：第一，人格厚重；第二，我希望他必须是"痴迷者"。

什么叫"痴迷者"？从早晨睁开眼睛到晚上十二点，时刻都在想着工作。我不太赞成"这山望着那山高"的做法，因为做企业特别需要坚守的精神。

然后，企业要选"强将"。"将帅"就是企业的领导层和决策层。“将帅”就像军队里的指挥部，运筹帷幄之中，决胜千里之外，其制订的计划关系到成千上万士兵的生命。企业在选“强将”时也要看厚重的人格。

企业家要胸怀大局，知人善任，风清气正，全心全意为企业发展献计献策；对员工要宽容温和，心有大爱，先人后己；要让大家有安全感、亲切感、幸福感，心甘情愿地追随。我反对在企业里搞小圈子、搞低俗的拉扯、搞无原则的争斗，这些都和员工的幸福背道而驰。因此，“将帅”的选择标准是德才兼备，德要优先。小胜靠智，大胜靠德。

最后，知人善任是企业成功的关键。实践告诉我们，企业经营不善往往和用人失误有关：一是用了不该用的人；二是用的人不能挑大梁，承担不起应负的责任。在用人方面，我主张用人要趁早，就是给那些有活力、有才华、有远大抱负的年轻员工更多锻炼提拔的机会。

我原来做副厂长时是30岁，做一把手时是36岁，由于较早进入领导岗位，我学习和积累了不少管理知识与领导经验，为后来出任大企业领导打下了基础。所以，我也一贯主张对年轻人要敢用、早用，让他们尽早脱颖而出。年轻人一开始可能经验不足，但经验是在实践中积累出来的，早培养就早出经验和才干。有经验的领导者则要为年轻人把关，尽心尽力地带他们一程，不断提高他们的领导能力和责任心。毛主席说：“政治路线确定之后，干部就是决定的因素。”（毛泽东：《中国共产党在民族战争中的地位》，见《毛泽东选集》第二卷，人民出版社，1969 年。）

没有人天生就会选人，有些人之所以能成为高手，很可能是被逼出来的。他们看的人多了，踩的坑多了，就会有更多的思考，明确选人标准；再通过刻意练习，把人看得更深、看得更真、看得更全。让平常被忽视的人才涌现是他们最大的动力。如李践老师所言，企业家即便阅人无数，也要持续修炼，要向“一眼看到骨头里”的境界不断逼近。

企业不是缺人，是缺对的人。选人，重在选对。李践老师和杨静老师的这本《将才》，为企业提供了一个很好的选对人的模型和方法。这本书有很多李践老师对企业“如何招对人”的真知灼见，是理论与实践相结合的佳作，具有很强的可读性。

中国上市公司协会会长
中国企业改革与发展研究会会长
宋志平
2020 年夏天

推荐序二

如果你要问我“在人力资源所有的工作中，哪个模块最重要”，那么我的答案一定是招聘。我的这个想法在一定程度上受到了我所翻译的《奈飞文化手册》一书作者麦考德的影响。在这本书中，麦考德把奈飞的成功归结于打造了一种高绩效的企业文化，而这种高绩效文化的前提就是组织能够吸引来一批顶尖的人才。奈飞把这种招聘原则归结为一句话——“只招成年人”。

麦考德在2014年的《哈佛商业评论》上发表了一篇文章，文章提到如果一个企业能够招来足够优秀的人才，那么这个企业在未来管理中可能出现的99%的难题都能得到有效避免。

我自己一直践行着招聘第一的原则，努力通过建立人才标准、打造招聘团队和改善招聘流程等方法来确保所服务的组织能够招聘到优秀的“成年人”。

在过去的两年里，我的身份从甲方转到了乙方，开始从事独立的人力资源顾问和讲师工作。在这两年里，我接触到了大量企业。在跟这些企业一起工作的过程中，我发现处于不同行业、具有不同规模的企业都面临一个共同的问题：如何招到优秀的人？小企业希望招到优秀的人，大企业希望招到更优秀的人。

按说中国人才市场的规模已位居世界前列了，为什么还有这么多企业面临招人难的问题？我认为主要有3个原因。

1. **缺乏科学的人才标准**。每一个做招聘工作的人都觉得自己很清楚企业需要招什么样的人。然而，对很多企业而言，它们并无统一的人才标准。这会导致招聘人员按自己想法招人，辛辛苦苦招来的人最终却难以符合企业的实际需求。
2. **缺乏有效的招聘渠道**。要想寻访到那些市场稀缺的优秀人才，招聘人员需要突破传统思维、另辟蹊径地寻找那些最有效的招聘渠道。今天有一种说法是“人才猎聘”，即每一个招聘人员要具备猎头那样敏锐的嗅觉和眼光，能够充分利用有效的招聘渠道，精准地从市场上猎取人才。
3. **缺乏充分的培训**。企业有了科学的人才标准和有效的招聘渠道后，如果不对参与招聘的人做相应的培训，帮助他们掌握一定的识人技巧，那么企业依然无法确保寻访到的优秀人才最终能够成功加盟。

我非常欣慰地看到，由行动教育集团创始人李践老师和集团人力资源总经理杨静女士撰写的这本《将才》可以很好地帮助广大企业解决上述提到的招聘难题。作为行动教育集团的外部人力资源顾问，我和杨静总经理在打造人力资源团队和建设人力资源体系上有过一年以上的紧密合作。

行动教育集团拥有辉煌的业绩，在过去 14 年为超过 13 万家企业提供了教育服务。我非常敬佩集团创始人李践老师，很欣赏他的将行动教育打造成具有哈佛商学院水准的企业家教育机构的愿景。这些年，行动教育之所以能够取得非凡的业绩，也是因为背后有一支强大的招聘团队能够为企业源源不断地补充优秀的人才，而这支团队正是由杨静总经理所领导的。

今天，杨静总经理将自己多年的招聘秘籍整理成文字，我认为这对因为招不到优秀人才而焦虑的广大企业来说是一大好消息。这本书的内容既有充实的理论，也有落地的实践，值得每一个视人才为第一生产力的企业家潜下心来认真学习。

最后，热烈祝贺本书的隆重出版，也衷心祝愿行动教育集团在创始人李践老师和杨静总经理的带领下取得一个又一个佳绩。

范珂

《奈飞文化手册》译者

沃尔沃汽车亚太区前人力资源总监

相宜本草股份有限公司首席人力官

2020 年 8 月 9 日

自序　选择大于努力

记得有一次总部高管开读书会，我正好坐在李老师后面，当时李老师扭过头来突然问我："杨静老师，你觉得招聘这个工作有意思吗？"那个时候，我在公司从事招聘相关工作已经4年多了，出于内心对这份工作的热爱，我想也没想便回答道："有意思。"

李老师好奇地盯着我，之后我说了3点原因："第一，从公司的角度来看，如果我为公司找到合适的人才，帮助推动整个公司的业务发展，那么我对公司来说就是有价值、有贡献的人；第二，从招聘人的角度来看，如果我为求职者找到一个合适的工作岗位，那么这对求职者的职业生涯而言，无疑是一笔非常好的财富，这意味着我又帮助了他；第三，从我个人的角度来看，如果我既能帮助公司，又能帮助他人，那么我自己也会获得很大的成就感。"李老师听完，微微点头一笑，便转过身去了。

从那一刻起，我就意识到，我找到了自己的使命——帮助他人。

事实上，我在行动教育从事的这份“招聘”事业，是在帮助其他人成为更好的自己，激发、感染、影响和带动身边更多的人向善、向美、向好，让每个人内心丰盈，收获喜悦富足的人生，让我们的家庭、企业、社会、国家变得越来越好。这就是我在行动教育所从事的这份事业背后的使命和意义。

正如《选人的真理》一书中的前言：“从你肩负招聘使命的这一天起，就是你改变一个世界的开始，你将留下一个不朽的传奇。你所做的每一个雇用决定都会产生连锁反应……”同样，我们所做的雇用决定也会给我们个人、我们所雇用的员工乃至我们所在企业的发展带来深远影响。

记得有一次我在公司面试完新人，回到自己的座位上，看到桌上摆着一本书，书名叫作《选人的真理》。我打开之后，扉页上面签着李践老师的名字，正当我想发信息跟李老师说声感谢时，却发现李老师已经给我留言了。他说：“这本书很好，但我觉得如果你能结合自己的专业和这些年招聘的实践写一本书，那么你写的书一定会比这本书更具实效、更有价值。”从那一刻起，李老师就在我心中种下了一个心锚。

因此，当我得知李老师的“招才选将”1.0 版本要升级到 2.0 版本“将才”时，我便主动请缨，希望跟李老师合著这本书。

其实，除了受到李老师之前的鼓励，我想撰写这本书还有个重要原因。我在去很多外部企业客户那里做分享，以及给行动教育招选的“将才”落地班的学员授课时发现：几乎所有企业的痛点都离不开人，企业招人的问题更多在于“选不对，找不到，用不好，留不住”。在很久之前，我内心就已经“闪烁着”一朵“小火苗”——我希望能把自己扎根行动教育 8 年时间，跟李老师所学到的一套精准选人的“北斗七星”模型，以及我对招聘的理解和从业多年来所积累的招聘实践经验分享给大家，为大家指明方向，让更多人掌握找到 A 级人才的方法。

过去几十年的人生经验和从业经验告诉我：选择大于努力。对企业而言，如果人一开始就选错了，那就相当于人在扣扣子时，第一粒扣子扣错了，余下的都会扣错！这也是我们在招人时，很多人开始说得挺好，但进来一做工作，就不是那么回事的原因。

简单来说，招选“将才”的“北斗七星”模型就是教我们如何“选对人”，而这个对的人，其实就是与我们志同道合、德才兼备的人，这里的“志”和“德”，是行动教育的价值观，即我们倡导什么、我们奉行什么、我们必须做什么、我们坚决不做什么，这也是我们行动教育中所有人做人做事的准则和依据。可见，只有跟我们同心同德的人，才能与我们一路同行。

选择大于努力，正如我选择十年如一日地坚持做招聘，选择将这套实效的人才选拔方法论带给更多的企业家和企业，我也希望你们可以选择这本书，让它帮你快速找到你想要的高绩效人才，实现远大的目标和理想，成就一份伟大的事业。

最后，我要感谢在写此书期间给予我帮助和指导的老师们。

首先，我要感谢李践老师，如果李老师没有给我机会，让我与他一起创作此书，那么大家今天就不会看到这本书了。同时，我还要感谢张全全老师，编辑庞金玲老师和中信出版社。流年笑掷，未来可期。希望我们的努力，能够带给企业真正的帮助。

前言

在我们的课堂上，经常有学员会抛出类似的问题：老师，您认为企业在商海中沉浮，保持屹立不倒的秘诀是什么？背后最关键的思维方式和逻辑支撑是什么？

对于这类问题，我们的答案永远只有简简单单一个字——人。人决定一切，只有人才能创造财富和价值，人是财富的源泉。

过去，因为行业和职业的关系，我们曾为13万企业家提供服务。在与这些企业打交道的过程中，我们发现，许多企业总是习惯性地将中国企业在经营中所面临的最大挑战，草率地归结为品牌、规模、市场竞争，甚至是产品和服务质量，而忽视了最为关键、最为根本的要素——人。

事实上，总结多年的企业管理经营实践，以及服务13万企业家的实际经验后，我们可以掷地有声地告诉大家：许多企业无法发展、无法盈利，其最大的障碍正是人才的障碍。换言之，中国的企业从来不缺发展机遇，而是缺能够把握机遇的人，以及能够帮助企业将机遇转化为成果的人才。

说到这里，大家不妨对照自己的实际情况反思这样一个问题：为什么今天许多的成长型中小企业，总是无法实现增长的突破，无法走向更大的发展舞台？

深究起来，原因无非来自两方面：市场不好，没有人能力挽狂澜，聚合人心向前冲，带着企业走出困境；市场好了，没有合适的人才来扩展市场，帮助企业攻城略地，企业的机会成本白白浪费了。

你发现了吗？无论从哪个角度考量，造成企业发展困境的原因都是人。所以，从本质上来说，经营企业就是经营人。做企业，选对人就是成功的起点。一个企业能招揽多少人才，就能成就多大事业。

说到这里，许多人又会产生疑问：人从哪里来？企业如何才能快速、高效、精准地识别人才、招聘人才、善用人才？

其实，根据我们的观察，我们发现在现实的企业管理中，企业在招选"将才"方面的苦恼，丝毫不亚于其在突破现有瓶颈、实现业绩快速增长方面的苦恼。在实际的招人、选人、用人过程中，许多企业面临着入口小、招不到、选不对、投入力度不够、企业文化贯彻不到位、留不住等诸多困难。

那么，如何解决人的问题，进而解决企业发展问题？在揭晓这一问题的答案前，大家不妨首先认真思考如下问题：

☑ 如果你是企业创始人，那么你会选择谁来接班？为什么？

☑ 如果你是企业总经理，那么你会推选谁做分公司经理？为什么？

☑ 如果你是人力资源负责人，那么别人问你贵公司的人才标准，你会怎样回答？

☑ 如果你是部门主管，那么你在为本部门招人时，会看重应聘者的哪些条件？为什么？

☑ 怎样吸引到适合本企业的人才？

☑ 在招聘、选拔过程中，招聘者需要了解应聘者的哪些情况？为什么？

☑ 招聘者事后发觉选多了人怎么办？

☑ 如何才能把合适的人放到合适的位置上，让其发挥最大的潜能？

……

其实，我们之所以选择在本书的开头罗列出这些问题，正是想告诉大家：企业招选“将才”并没有那么深奥，当然，它也并非信手拈来那么简单，所有招人的技巧与方法全部暗藏在上面罗列的问题中。只要招聘者善于研究、善于学习，掌握了其中的经验与诀窍，那么，招人的问题就迎刃而解了。而随着人的问题得到解决，相应地，企业的发展问题也就得到了解决。

而上述罗列的几大问题，也是本书将要详细讲解的招人方法。

行动教育成立14年来，我们为13万企业家做过管理培训，在这个过程中，我们摸索、实践、再摸索、再实践，最后总结出了这套助力企业选对人、打造高绩效团队的七星人才战略。现在，我们把这套高绩效团队如何招选“将才”的人才战略整理成一部作品呈现出来，这也是对客户、对社会的一种回报。

在这部作品里，我们总结整理了目前大多数企业在招人过程中最容易遇到的痛点以及急需解决的难点。同时，以这些痛点和难点为出发点，我们将招选“将才”的全过程整理、归纳为了由画布、画像、画饼、广招、慎选、严进、善用七颗星组成的“北斗七星”模型，直到形成一套缜密且行之有效的招选“将才”系统。

如果你为招聘不到合适的人才而发愁，那么你会在“画布”的环节发现招聘人才不仅是人力资源部门的事，更是企业创始人、管理者的事。企业创始人在招人之前，要做好顶层设计，即我们是谁、我们去哪儿、我们干什么。

如果你正在为招进来的人有自己需要的才，却没有企业需要的德而苦恼，那么在“画像”这个环节，你会发现这些问题的存在是因为企业没有建立统一的招人标准，缺少清晰的选人法则。如何解决呢？最简单、最有效的方法就是建立人才“画像”，即在招聘前，先构建明晰的人才胜任力模型。

如果你正在为如何精准选人而忧愁，那么在“画饼”这个环节，你会发现筑巢引凤这个方法。“巢”，一是指组织发展，二是指人才理念，三是指“三高”模式。

如果你正在为不知道从哪个渠道招人而纠结，那么在“广招”

这个环节，你会发现针对强调“以质取胜”的“专业线”上人才，企业应该使用“高渠道”——以世界第一的思维去整合人才；针对强调“以量取胜”的“业务线”上人才，企业应该使用“广渠道”——打通“上、下、左、右”全渠道，引进“千军万马”。不管针对“专业线”上人才，还是“业务线”上人才，企业都要使用“深渠道”——集中资源、集中兵力，聚焦深挖、打深打透。

企业管理的一切错误，都是从招聘开始的。如果你正在为选错人而后悔，那么在“慎选”这个环节，你会找到避免选错人的“人才筛选漏斗模型”。要知道，创始人现在不愿意花 4 个小时选人，未来就要花 400 个小时甚至更多时间去收拾因选人失误而产生的烂摊子。

从本质上来说，企业管理是一件严肃的事情，企业的招选“将才”应该遵守“严进”的法则，而不能任人唯亲。如果你正在为招进人的士气低落而苦闷，因指标任务的讨价还价而伤感，那么在“严进”这个环节，你会发现企业招聘要始终立足“高、中、低”三大维度，重视法律、契约和制度。

如果你为结果不理想、业绩不稳定而担心，为出工不出力的状态忧虑，那么在“善用”的环节，你会发现“善用”的命门是把不适合的人“清”出团队，以及挖掘留用之人的优势 / 特长 / 天赋。

当然，打造高绩效团队的必要条件是不断改进，一招鲜不能吃遍天，我们的收获和心得就是通过不断学习、采纳、实践和分享得来的。而培训和音视频宣传等形式无法让更多人受益，所以写书既是一个念头也是一个建议，我们毅然提笔倾囊以授，把这些招选“将才”的实际战术与大家分享。希望读者朋友们不仅仅是阅读，还要按照书中提到的方法去做。既然我们能把企业做成功，培训指导其他企业获得成功，相信也能让你通过阅读本书并认真实践，最终获得成功。

茨威格说：“一个人生命中最大的幸运，莫过于在他的人生中途，即在他年富力强的时候发现了自己的使命。”而我们的使命就是“让实效教育改变世界”。大道至简，行胜于言，感谢你们在每一次困惑时选择和信任我们的“坚持”。

最后，祝愿你的企业能招到“精兵强将”。企以才强，业以才兴，政以才治，国以才立。

Part 1

认知篇

得人才者得天下

古往今来，无数的史籍典故已经明确告诉了我们：得人才者得天下。

东汉末年，刘备“三顾茅庐”，赢得了大贤之士诸葛亮的信赖，最终，在诸葛亮的辅佐下，蜀国与魏国、吴国形成了三国鼎立之势。

美国南北战争时期，北军将领作战能力低下，连吃败仗，林肯政府岌岌可危。危机之下，林肯任命了颇具军事才能的格兰特将军为北军统帅。后来的事实证明，对格兰特将军的任命是美国南北战争取胜的转折点。

在一定条件下，人才是起决定性作用的因素。即便你再贤明、再能干，如果不善于用人，那么也非败亡不可。反之，即便你身无绝技、资源一般，却善于用人，也可以成就一番事业。经营企业尤其如此。

企业就好比一个国家、一支军队，人才就是推动企业发展、帮助军队打胜仗的关键，任何一个企业想要得到快速发展，都必须有人才的支撑。尤其在竞争日益激烈的今天，人才更是企业最大的资本。

那么，企业如何才能找到合适的人才呢？一个行之有效的方法便是借助高效实用的人才招聘模型——“北斗七星”模型。这也是本书将要介绍的重点内容。

选对人是企业成功的关键

成大事讲究“天时、地利、人和”，其中，“人和”是最核心的一环：任何成功的事业，都离不开人才的推动；每一个成功的组织，都离不开人才的支持，知识型企业尤其如此。

人才是企业最宝贵的财富，是推动企业不断发展的动力。企业的竞争，归根到底就是人才的竞争，谁抓住了一流的专业人才，谁就奠定了成功的基石。

人才改变世界格局

在全球化时代下，一切要素都不断被重新组合，商品、技术、资金、劳动力跨越国界，自由交换流动；互联网技术的产生成为推动全球化不断发展的更大动力，世界的连接越来越紧密，以互联网为核心的新经济时代已经到来。

与此同时，全球人才模式和结构也开始发生革命性的变化：伴随各方资源跨越国界、跨越行业不断整合，各国对国际化、专业化的跨界人才的需求极速扩大。如今，人才的跨界发展不仅仅冲破了国界，不仅仅表现为跨越行业，同时也越来越表现为向各种机制、思想、物质全方位的跨界发展。人才跨界的方法越来越多样化，手段越来越便捷，行业之间的门槛随着技术进步不断降低。

人才改变着世界格局。尤其是在科学技术不断发展、文化经济不断融合的今天，人才已经变得更为重要。未来，我们最缺的资源将不是机会，不是资金，也不是市场，而是人才。对一个国家、一个企业来说，人才的重要性胜过石油，胜过金融街，胜过核武器。在全球化的时代背景下，人才争夺战愈演愈烈。

无论国家还是企业，谁抢到了人才，谁就抢到了金矿。

“人口”转向“人才”

反观今天的中国，用工荒、技术人才匮乏、零售业打仗缺兵少将……一些成长型企业在经历“人才瓶颈”的阵痛。而这种阵痛也让我们越来越清晰地看到：人才已成为中国企业、中国经济社会发展的第一资源。

在40多年改革开放的发展历程中，中国廉价而又吃苦耐劳的劳动力大军，是中国成为全球制造中心的核心竞争力，也是“中国模式”的核心构成因素。不可否认的是，在过去相当长的一段时间里，这种模式为中国带来了举世瞩目的成就。

然而，在“人口红利”和“廉价劳动力”优势逐渐消失的今天，过去低价劳动力付出、低附加值、低端产业增长、高能源消耗、高环境污染的“中国模式”所带来的弊端也日益凸显，人才匮乏已成为拖慢中国从大国向强国迈进步伐、拖累成长型企业增长的主要因素。而要改变这一现状，我们就必须从产业升级、技术创新入手，对固有的“中国模式”进行修正与升级，打好人才基本功，发展知识经济，打造创新型国家，实现从“人口”向“人才”的转变。

这也就意味着，面临经济环境的转型、市场的急遽变化，我们中小成长型企业眼前只有两条路：要么变，要么死。

如何求变？

企业唯有改变自己的盈利方式，从低端的加工型企业升级为高端的研发型产业，打造自己的核心竞争力，最终才能在激烈的市场竞争中屹立不倒。

而打造核心竞争力，没有别的办法，唯有依靠人才进行产业转型。总之，在经历了从劳动力、制度，到技术、资源的竞争后，最终决定一个企业，甚至一个国家格局的，是人才的竞争。

人才战略是企业第一战略

企业的增长速度等于人才成长的速度，这条“人才定律”永远都不会改变。这里的“人才速度”不仅仅是指人才的量，更强调人才的质：企业人才储备不足，轻则会减慢自身发展速度，重则可能会被自身的快速成长拖死；如果企业员工只是填塞工作岗位的人，而不是为企业增长数字负责任的人，那么企业的发展也将举步维艰。

那么，如何实现人才的快速增长呢？这就要求企业要把人才战略作为企业的第一战略，掌握招人、育人、留人的方法。

在这一点上，爱迪生就是很好的反面案例。

众所周知，爱迪生是一位伟大的发明家，一生有无数的发明。19世纪以后，社会因这些发明而加快了发展的进程。爱迪生对世界的进步起到不可忽视的推动作用，这不仅因为他是一位伟大的发明家，也因为他是一位出色的商人，他让科技发明与商业结合，从而改变了世界。

但晚年的爱迪生被迫从自己的公司黯然出局。

1892年，在美国金融巨头摩根的主导下，爱迪生通用电气公司与汤姆逊-休斯敦公司合并，公司名称去掉了“爱迪生”，改称“通用电气公司”。

后来的现代管理学之父彼得·德鲁克先生对爱迪生的评价

值得后人深思，他说："爱迪生无疑是一位伟大的发明家，也是一位出色的商人，但他唯独不是一位真正的企业家。因为，真正的企业家不仅要懂得商业战略，更要精通人才战略，人才战略是企业的第一战略。"

那么，到底什么是"人才战略"？简单来说，就是企业管理者懂得选人、育人，善于人才复制，从"个体户思维"转变成"企业家思维"，深知先人后事，事在人为。

管理上有一句名言：时间花在哪里，结果就表现在哪里。如果一个企业管理者只是专注在事上，那么他充其量只是一名大业务员，是自雇人员，企业就将面临人才青黄不接的尴尬境地。只有企业管理者把焦点和时间放在人身上，不仅懂得选人，能让别人为你工作，同时也会育人，能源源不断地进行人才复制，企业才会持续发展。

在现实的企业管理中，如果你的企业开始出现"人才荒"，那么这说明你的企业正在增长的路上驰骋。然而，企业要保持增长速度，就必须有匹配的人才保驾护航，否则，企业最终的发展只能是黄粱美梦一场空。也许，我们的战略规划看似毫无破绽：市场、产品、技术尽在掌握之中。但我们恰恰忽视了人力资源，企业在追求高速增长时，人力资源的缺失是潜在的杀手。没有人才去执行，一切努力都是白费。

总之，人才战略是人才培养工作的直接目标，可以说，人才培养工作是解决企业从 1 到 10，到 100，到 1 000，到 10 000 的发展问题，是支撑公司的战略和运营指标落地的关键。

经过多年研究实践，我们发现成功的企业都有一个共同点，那就是千方百计地积聚有天赋的各领域的顶尖人才，信任他们、培训他们，重用他们、激励他们，并爱护他们。著名管理学家吉姆·柯林斯在《从优秀到卓越》中也总结过：所有卓越的企业，其具有决定性意义的成功不是市场，不是技术，不是竞争，也不是产品，而是招聘并留住优秀员工。

因此，一个企业要发展，就必须把人才战略作为自己的第一战略，重视招选“将才”。

企业招人的六大痛点

近代革命家孙中山先生曾说：“治国经邦，人才为急。”这句话在企业经营中同样适用：对企业而言，人才也是头等大事。然而，在现实的企业管理中，许多中小企业在招人上并不“顺遂”，它们一方面求贤若渴，另一方面却招不到、留不住人才。

造成这一状况的原因究竟是什么？

要想回答这一问题，我们还是要从企业招人的痛点说起。归纳起来，在招人上，如今的大部分企业普遍存在以下六大痛点，如图 1-1-1 所示。

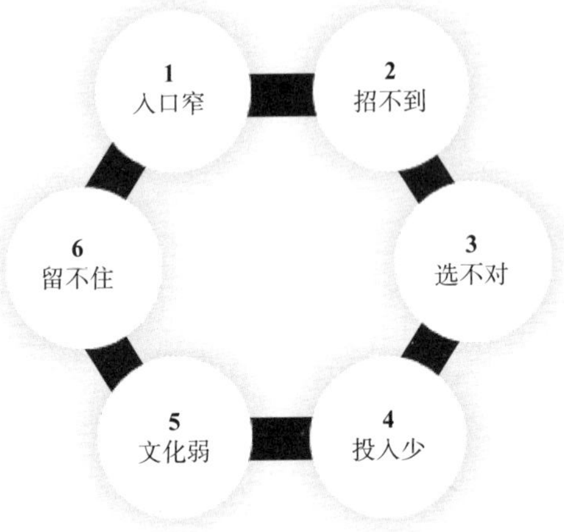

图 1-1-1　企业招人的六大痛点

痛点一：入口窄

企业招人的第一个痛点是“入口窄”，这里的“入口”是指与企业需求适配的“人才池塘”。如果我们把企业招人比喻成钓鱼，那么人才就是池塘里的“鱼”。一般来说，大池塘里的“鱼”相对较多，企业的选择自然也就更多。

然而，许多企业受自身情况的限制，与其需求适配的“人才池塘”相对较小，因此就只能在“小池塘”里“钓鱼”。比如，某些企业所处的地区比较偏远，本地人才市场难以满足企业的用人需求，同时企业也很难吸引外地的优秀人才；还有一些企业需要专业对口人才或者特殊人才，或者对工作经验的要求较高，这类企业的“人才池塘”相对较小，在招人时可选择的范围比较狭窄。

说到这里，我们不妨一起来看一个具体的案例。

A企业是一家人员规模达到500人，年营业额达到10亿元的制造企业，虽然效益不错，但招不到合适的人才。作为一家县级企业，它很难吸引渴望外出打拼的年轻人，而本地可选的人才又太少，在这种情况下，它的人才池塘变得越来越小，招人也一年比一年难。

在现实的企业经营中，像A企业这样因为“入口窄”而难以招到合适人才的企业还有很多。那么，企业应该如何解决“入口窄”的问题，扩大自己的“人才池塘”呢？方法很简单，企业只需谨记“上下左右，全面撒网，重点培养”这12字诀即可。

“上”是指线上招聘，它强调的是企业要充分利用各种适合自己企业及所招聘岗位的线上招聘渠道。

“下”是指线下招聘，它强调的是企业要集中资源、集中兵力，采用一对多的模式进行广招，比如，校招、人才事业说明会等。其中，最重要的招聘模式就是“校招”，偏远地区的企业和专业人才稀缺的企业尤其要重视“校招”。

“左”是指内推，企业要鼓励内部员工推荐人才，从内部打开人才招聘通道，让优秀的人吸引身边优秀的人加入。

“右”是指人才的定向挖猎和吸引感召，即通过对标同行和定向挖猎，寻找和挖掘优秀人才。

此外，在众多的招聘渠道中，企业要通过“全面撒网”找到最适合自己的渠道，对于这些最适合自己的有效渠道要做到“重点培养”。总之，渠道的使用不在于多，而在于精和深。

痛点二：招不到

企业招人的第二个痛点是“招不到”。为什么“招不到”呢？最主要原因就是企业“没有吸引力”。下面案例中的企业就是“缺乏吸引力”的典型代表。

> B企业是一家员工规模超过2 000人、年营业额达到13亿元的畜牧企业，它目前面临的困境是年龄大的员工退不下去，年轻人进不来或者进来也留不住。造成这种局面的根本原因是企业对优秀人才没有足够的吸引力。一方面，它地处偏僻，很难吸引年轻人；另一方面，它没有合理的薪资体系，工资水平也无法吸引优秀人才。

根据多年的实践研究，我们发现一家企业对于人才的吸引力主要体现在两个方面。

一是好的企业文化理念。好的企业文化理念往往决定了一个企业能够走多远、走多久，以及跟谁在一起。这是因为优秀吸引优秀，好的企业文化理念可以帮助企业吸引一批欣赏和认同企业文化与企业价值观，与企业志同道合的人才。而这样的人才往往也是忠诚度最高的，在企业发展的过程中，无论遇到多大的困难、障碍或诱惑，他们都会坚守事业和初心。

二是自我价值实现。自我价值实现也体现在两个方面：首先是高收入，高收入也就意味着工资高、福利好，它不仅仅是物质激励，也是一种价值体现；其次是工作本身带给人才的成就感和认同感。

在现实的企业管理中，如果企业能够做到双管齐下，既拥有好的企业文化，又能让员工在岗位上实现自我价值，那么试想一下这样的企业又有谁不向往呢？所以，想要击破“招不到”这一痛点，吸引德才兼备的优秀人才加入，企业就要通过塑造“三高”文化来提升自己的吸引力。所谓“三高”就是“高绩效、高激励、高价值”。除了“三高”以外，企业文化的塑造和传播也是企业吸引和留住人才的关键。

反之，如果企业不能人岗匹配、人尽其才、量才适岗，往往就会出现人才流失或岗位绩效产出低的状况。

痛点三：选不对

有的企业虽然招到了人才，但没有招对人才，这也是目前大多数企业招人的第三个痛点——“选不对”。比如，C 企业在招人时，就遭遇了这样的痛点。

> C 企业是一家有 50 名员工、年营业额超过 2 000 万元的服装企业。在招聘的过程中，这家企业遇到的最大问题就是收到的简历较少，简历数量无法满足企业的用人需求。而且，简历的真实度也不好判断，这家企业常常在面试时发现应聘者的实际情况与简历不符。有时候，这家企业甚至在进入试工期后才发现找到的人不符合要求。

在现实的企业管理中，C 企业绝不是个例。归根到底，“选不对”的关键原因便出在标准和人才识别上。

具体来说，“选不对”的原因主要有 3 点：一是缺乏清晰的人才画像，没有制定详细的招聘标准，不知道什么样的人才才是真正适合的人才，无论是筛选简历还是面试评估，都无据可循；二是缺乏慎选流程，没有像漏斗一样对人才进行层层筛选；三是面试官没有真正掌握一套精准识别的面试方法，在具体的面试过程中，无法做到真正看穿应聘者。

总之，企业招人标准的不清晰和人才识别的不精准正是“选不对”的关键原因，而选错人对企业来说又是最大的浪费。企业要想避免这种浪费，就要在进行人才招聘时，建立清晰的人才标准和慎选流程，并提炼出一套高效、精准的人才识别方法。

具体来说，企业可以通过构建人才胜任力模型来明确选人标准。此外，在面试的过程中，面试官应该做到“望闻问切”和“明察暗访”，不仅要熟练掌握问话技巧，还要学会运用各种表格工具，以便对人才做出准确评估。关于这方面的详细操作方法，我们也将在后面的章节中为大家一一介绍。

痛点四：投入少

“投入少”也是很多企业在招聘过程中会遇到的典型痛点。这里的“投入度”主要是指企业一把手对人才招聘的重视程度，以及一把手和用人部门在招聘上投入的时间。

比如，很多企业的一把手没有把人才招聘和人才培养作为工作的重点，认为员工可以再招，却没有考虑招聘的成本和人才流失带来的无形损失；还有一些企业在招聘上花的时间和精力都不够，只是简单发布招聘需求，“坐等”人才上门……这些都是企业对人才招聘“投入度不够”的具体表现，殊不知，越优秀的企业，在招聘和人才培养上投入越多。

比如，我们接触过的一家家具企业就有这方面的苦恼。

作为一家家具企业，D企业对熟练技工的需求量较大，然而在现实的生活中，家具制作方面的熟练技工并不多。于是，D企业决定自己培养技工。遗憾的是，技工的培养并没有想象中那么容易，很多年轻人不愿意吃苦，往往工作一段时间就会选择辞职。更遗憾的是，有时候，这家企业好不容易培养了一个技术成熟的工匠，很快就被同行高薪挖走了。老板为此感到非常苦恼。

看到这里，有人可能会问："这家企业在培养技工上投入了很多，为什么还是留不住人？"其实，站在我们的角度来看，有人才培养意识的D企业对人才招聘与培养的投入并不够，在这个过程中，它忽视了一个重要步骤，那就是建立由CEO（首席执行官）、用人主管、招聘经理组成的"黄金铁三角"，以对员工进行全方位的价值观渗透，让员工对企业产生认同感。这也是企业解决"投入少"招人痛点的最佳方式。在这一点上，行动教育的"全员招聘"模式就非常值得借鉴。

总之，企业必须从上到下地重视招聘，因为只有高投入才可能获得高回报。

痛点五：文化弱

企业招人的第五个痛点是"文化弱"，企业文化贯彻不到位的结果就是企业与员工"离心离德"，企业与员工不能朝着一个共同的目标前进，企业也会因此而流失人才。比如，有的企业的员工很容易被同行挖走，而有的企业的员工则有很高的忠诚度，两者的区别就在于企业文化是否贯彻到位。

那么，如何解决“文化弱”这一招聘痛点？

根据我们多年的实践研究，贯彻企业文化的关键便在于构建“战略画布”，而企业“战略画布”的3个关键要素便是企业的使命、愿景和价值观。这也就意味着，企业要想高效地招到A级人才并留住人才，首先就要提炼出自己的使命、愿景和价值观，并且将企业的使命、愿景和价值观贯彻渗透进员工的心里。企业通过自身文化凝聚人心，让员工真正做到“我心彼心，同心同德”，从而愿意朝着共同的目标而努力。

在具体的实践中，企业价值观是企业的使命、愿景的最终落地，而企业价值观的落地关键又在于“六层渗透”和“上下左右”。在后面的章节中，我们将为大家详细论述这方面的内容，这里就不再赘述。

痛点六：留不住

“招到了，留不住”，这是企业招人最大的痛点。在现实的企业管理中，企业留不住人的原因有很多，但最关键的原因在于没有搭建合理的晋升机制，用最直白的话说，就是企业不会“画大饼”。这里的“画大饼”并不是一个贬义词，而是指为员工设计一条合理的晋升路径，让员工看到自己在企业中的发展前景。

我们之所以要强调“画大饼”，原因很简单：在一个企业中，如果企业员工看到的不是上升通道，而是“天花板”，那么他自然不愿意留下来。从某种程度上看，企业搭建和设计晋升通道不仅是为了留人，也是为了更好地用人，因为合理的晋升通道能让员工发挥所长，也能让企业做到人尽其才。

当然，除了要会“画大饼”，企业还要学会建设自己的人才梯队，并通过培训和激励让人才梯队始终能够进行健康的“新陈代谢”。这是因为，有了人才梯队，企业就不用再担心“无人可用”了。此外，企业还要在内部营造良好的留人氛围，让员工对企业产生归属感，对自己的工作产生使命感，只有这样，员工才会更“死心塌地”地留下来。

以上就是目前大部分企业在招人时会遇到的六大痛点，这六大痛点也正是企业招不到人、留不住人的主要原因。而要想解决这些招人痛点，企业就必须采取相应措施，把招人、留人、培养人作为工作的重点。在后面的章节中，我们也将从这些招人痛点出发，和大家一起来探究企业招选“将才”的秘诀，以帮助正处于迷茫中的企业和企业管理者更好地选人、育人、用人、留人。

“北斗七星”模型：找到A级人才的最佳路径

美国钢铁之父卡耐基曾表示，即使有人拿走他的全部财产，只要把人才留给他，几年后，他就又是一个钢铁大王。人才是企业发展的根本，无论产品为王、模式领先还是文化取胜，其本质都在于人的驱动。人是企业发展的根基，人才大于一切，企业管理永远遵循着这样一个逻辑：

一流战略 × 三流人才 = 三流结果

一流战略 × 一流人才 = 一流结果

由此可见：A 级人才以一抵十，伟大企业的第一步是找对 A 级人才。那么，A 级人才从何而来，又该如何去寻找？

本节我们就将和大家一起来聊聊 A 级人才那些事。

A 级人才 = 德才兼备

在揭晓 A 级人才的寻找路径之前，我们首先要弄清楚这样一个问题：什么样的人才是 A 级人才？关于这个问题的答案，我们可以用一个公式来表示，如图 1-1-2 所示。

A级人才 = 德：价值观 + 才：能力、潜力 + 岗：绩效、成果

图 1-1-2　A 级人才所具备的关键特质

1. 德：价值观

关于“德”，中国有这样一句古话：“人无德不立”，意思是说一个人没有良好的道德品质和思想修养，即使有再丰富的知识、

再高深的学问，也难成大器。

这是因为，“物有本末，事有始终，知所先后，则近道也”，“德者，本也”，“欲治其国者，先齐其家；欲齐其家者，先修其身”。任何事物都有规律，都有根本原理，而做人的根本正是德。德，是衡量人最关键的要素之一，是一个人成功的底层逻辑，是为人的原理、原则，更是做事、做学问的前提。一个人的德不好，其他一切都是零。一个企业如果招到了无“德”的员工，这就等于“养虎为患，引狼入室”。

因此，A 级人才的第一个关键特质就是德。这里所说的“德”其实就是价值观，指的是人才对企业价值观的认可度和人才与企业价值观的匹配度。

从本质上来说，企业价值观是企业最厚重的文化底色，它是企业的定海神针，也是企业的商业底线和行为准则。正所谓“道不同不相为谋”，思维决定行动，行动决定结果，经营企业实际就是在经营价值观，只有志同道合的人，才能并肩作战。反之，如果企业招来的员工不认同企业的价值准则，那么他的行为就会背离企业的期望，他就会成为企业的蛀虫。

这也意味着，A 级人才必须充分认同企业价值观，并与企业价值观具有高度匹配度。

2. 才：能力、潜力

除了要有“德”，A 级人才还要有“才”，这里的才既指能力，也指未来发展的潜力。

（1）能力

A 级人才必须有能力。从本质上来说，能力主要来自优势、特长、天赋 3 个方面，在后面的章节中，我们将详细介绍这部分内容。

通常，判断一个人是否有能力可以从 3 个方面入手：一是看他的经验，即从他过去从事的工作及其成果中，判断他能否胜任新工作；二是看他的知识结构，即他的学历，以及他在实践中的所得，且后者是重点；三是看他的方法论，即他在行业中运用了哪些成功模式，最终达成了哪些好的成果。

（2）潜力

李开复认为，一流的人才看潜力。那么，什么是潜力呢？我们认为，所谓潜力就是指人才未来的发展空间。心理学研究表明：每个人都是天才，都具有与众不同的优势。至于他最终能不能成功，关键还是在于他能否充分发挥自己的潜力。而所谓的 A 级人才，毋庸置疑一定是具有并能够发挥出自己潜力的人。

以行动教育为例，在行动教育，当我们在选拔一线学习官时，我们不仅仅会看他当下是否有能力，即是否具有做销售所需要的客户资源开发能力，以及以专业方式去服务客户的能力（是否会讲课），我们还会考核他未来 3~5 年能否成为团队管理者（销售总监）或企业家（分校校长）。

3. 岗：绩效、成果

A 级人才具备的第三个关键特质是“岗”，即绩效、成果。

成功的组织强调功劳，而不是强调苦劳。没有功劳，一切都是徒劳。那么，功劳是什么？答案是取得的工作成果、能够为公司创造的价值和财富。功劳如何体现？通过绩效去体现。

从这个角度来说，A 级人才必须是能够为企业创造价值的高绩效人才。

总之，A 级人才一定是德才兼备之人，他们对企业的发展至关重要，只有找到了他们，企业的未来才有希望。

寻找 A 级人才：通过北斗七星，定位北极星

俗话说："男怕选错行，女怕嫁错郎。"这个道理同样适用于企业招聘：只有找到了德才兼备的 A 级人才，企业的发展才有动力和保障；反之，如果企业招错了人，那么企业的发展就埋下了隐患。

事实上，在现实的企业管理中，招聘是摆在许多企业管理者面前的共同难题，别说 A 级人才，就连普通人才，许多企业也会招错。这是因为企业缺乏一套系统的识别人才的模型，没有掌握招人的诀窍。

那么，如何寻找 A 级人才？

我们认为，一方面，企业要从人性、人欲、人本的底层逻辑出发，了解人的本性、动机和欲望，以及人的底层逻辑，实现从认识自己到了解他人的变化，让选对人从偶然走向必然；另一方面，企业要从思维、行为、结果出发，实现从认知、看法、观念

到组织、人才、文化的改变。

自古以来，天文学家探索宇宙就是通过找到“北极星”这颗枢纽星来打开宇宙大门的。而对企业而言，A 级人才就像北极星，是我们去打造高绩效组织的核心。

在过去几十年的工作实践中，我们从自身实际出发，以前文中提到的企业招人的六大痛点为突破点，总结、归纳出了一套行之有效的招选“将才”指导模型——“北斗七星”模型（见图 1-1-3），即通过画布、画像、画饼、广招、慎选、严进、善用七颗星，帮助企业管理者们在茫茫人海中找到最闪耀的 A 级人才。

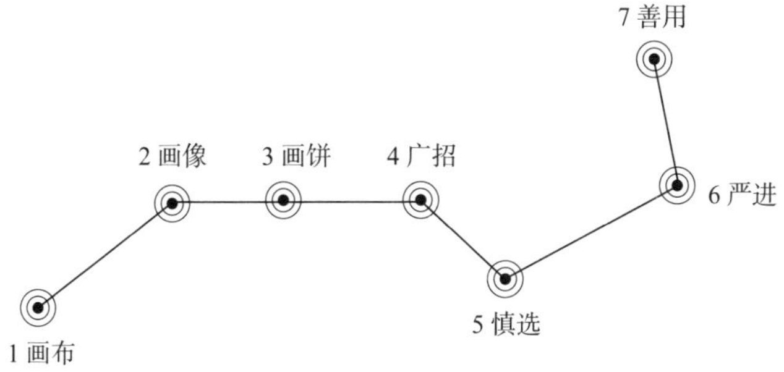

图 1-1-3 “北斗七星”模型

1. 画布

“画布”解决的是招人底层逻辑的问题，即使命、愿景、价值观。这三大要素也正是企业的顶层设计，它们决定了企业的未来去向，也决定了企业的管理逻辑。

其中，使命强调的是企业要宣告一份伟大的事业，它来自企业创始人的初心、社会责任感和企业的业务，它一定要具有非凡的意义，要上升到为人类、为国家、为社会的高度；愿景勾勒的是企业未来的发展景象，它代表的是企业未来的去向，是企业设定的一个长远目标，它能够对企业员工产生巨大的激励作用；价值观则是使命和愿景的具体落地，它是企业的行为准则和道德底线，它能够帮助企业重塑文化，形成强大的凝聚力和向心力，让企业员工与企业"同心同德"，从"我心"到"彼心"，最后到"一条心"。

作为"北斗七星"模型最重要的第一颗星，"画布"是企业成功的关键要素，是招选"将才"的秉轴持钧。

2. 画像

"画像"解决的是招人标准的问题，它强调的是在招选"将才"之前，首先对人才进行"画像"，明确选人的"标准"，建立人才胜任力模型。有了明确、清晰的人才胜任力模型之后，企业在招人的过程中，就可以对照人才胜任力模型中的"德、才、岗"3个关键特质去衡量人才、考核人才，并最终判断出应聘的人究竟是不是企业需要的"才"。

这种模板化、标准化的招人方式，能够让企业的招选"将才"工作变得更对标、更高效。当然，"画像"一定要在"画布"上完成，而绝不是随心所欲"画"出的。

3. 画饼

"北斗七星"模型的第三颗星是"画饼"，它强调的是企业通过不断努力呈现出的对人才的一种实实在在的巨大吸引力。

在前文中，我们强调了“画布”和“画像”的重要性。在招选“将才”的过程中，企业在有了明确的使命、愿景、价值观和清晰的人才“画像”后，还要思考这样一个问题：如何吸引更多的人才？在前文中，我们始终在强调，人才是企业发展的根本，有了人才，企业才拥有了源源不断的发展动力。而要想得到人才，企业首先就必须通过不断努力，让自己拥有足够的吸引人才的能力。

这也是“北斗七星”模型的第三颗星——“画饼”要解决的重点问题，正是基于此，“画饼”也被称为“筑巢引凤”。

那么，企业应该如何“画饼”，如何“筑巢引凤”？这里又涉及3个关键点：第一，企业的组织发展；第二，企业的人才理念；第三，企业的“三高”模式。我们将在后文中对此做进一步讲解。

4. 广招

企业在有了足够的吸引人才的资本和能力后，接下来要做的便是根据自己的实际需要“广开渠、多屯粮”。与行军打仗一样，决定一场战争胜负的有两个关键要素：一是参战人数的多寡，二是参战人员质量的优劣。经营企业也是一样的道理，决定企业发展快慢的因素也有两个：一是员工人数的多寡，二是员工质量的优劣。

那么，如何才能让企业拥有“千军万马”呢？这也是“北斗七星”模型第四颗星“广招”要解决的主要问题。

需要注意的是，企业在“广招”的过程中，针对不同组织线上的人才招聘，也要采取不同的应对策略，做到“分级治人”。具体来说，针对专业线上的人才（人、财、物），企业要坚持“专精深”，即强调以质取胜、以一抵三；针对业务线上的人才（销），企业要坚持“广”渠道，即强调数量取胜，业绩为王；在人才招聘的全过程中，企业都应坚持“深”渠道，即打深打透，集中兵力，集中资源，集中筛选，集中培训，提高效能。

5. 慎选

在管理企业的过程中，企业管理者最大的问题不是招不到人，而是选错人。招不到人只是因为企业用错了方法，企业稍加改变，一切或许还来得及；而选错人，则会给企业埋下杀伤力十足的定时炸弹，导致不可逆转的满盘皆输。

这也就意味着，在招聘的过程中，管理者必须秉承“慎选”原则，宁愿错失，绝不错招。具体来说，在招聘前，管理者可以召开“立项会”，根据企业使命和企业愿景建立用人标准、制定KPI（关键绩效指标）、构建岗位人才胜任力模型；在招聘过程中，管理者要坚持三级管理和“五道安检”，还要对招到的人才进行“望闻问切”，同时要召开“复审会”，对面试情况进行进一步审核；在招聘结束后，管理者还要进行“明察暗访”，再次考察人才是否诚信、是否真正匹配岗位，以及是否符合企业的价值观。

6. 严进

“北斗七星”模型的第六颗星是“严进”，它强调的是企业在招选“将才”的过程中要保持严肃、依法治企，做到公平、高效和防范风险。

之所以强调“严进”，是因为在经营企业的过程中，许多中国企业家都容易走进一个误区：过分强调“家文化”，过分讲感情。这种任人唯亲的“情理法”式经营方式，是阻碍企业进一步发展扩大的最大“绊脚石”，甚至会导致企业最终走向不可逆转的灭亡。

在经营管理企业的过程中，企业管理者必须时刻牢记：人事问题是严肃的问题，亲兄弟也要明算账。只有坚持走“依法治企”的道路，只有实现从“人治”向“法治”、从“情理法”向“法理情”、从“讲感情”到“讲效率”的转变，企业的发展才有未来可言。

7. 善用

“北斗七星”模型的最后一颗星是“善用”，“善用”也是企业招人的终极目的，它解决的是如何让员工更好地为企业工作的问题。实现了这一目标，企业未来的发展也就有了强有力的人力保障。

那么，如何“善用”？

归纳起来，企业“善用”人才的路径主要有两条：一是竞选制，发现人才的优势 / 特长 / 天赋；二是专家制，即用人所长，让专业的人做专业的事。

以上便是“北斗七星”模型的相关内容。在这里，我们只是做了简要概括，这些内容形成了一个完整、科学、高效的招人闭环。当然，每颗星还涉及大量的实操内容，在接下来的章节中，我们也将为大家一一介绍。首先，让我们一起揭开“北斗七星”第一颗星——“画布”的神秘面纱，去探索企业顶层设计的秘密和企业的使命、愿景、价值观的实操法则。

Part 2

实战篇

第一星“画布”

顶层设计——我们是谁、我们去哪儿

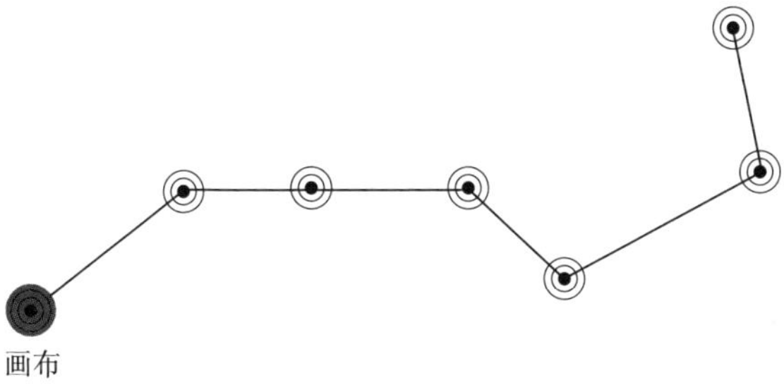

在开启“北斗七星”躬行实践之前，我想先问大家一个问题：

作为公司创始人，你认为你最重要的职责是什么？是融资、制定发展战略，还是拉业务、谈合作？

对此，我们的答案是招选“将才”是创始人最重要的工作。

在招选“将才”上，我们的做法是要用最合适的人。一个对的人不是顶10个人，而是顶100个人。企业要从“招到人”升级到“招对人”。要想“招对人”，我们首先要思考两个问题：

我们是谁？

我们去哪儿？

这两个问题看似简单，但很多创始人并不清楚其深意。为了帮大家弄清这两个问题，我们先通过一个浅显易懂的案例直观地感受一下。

假设小张是一名单身男青年。到了人生某个阶段，他觉得自己应该找一个女朋友了，那么，这是不是就意味着只要是女性，都能成为小张的女朋友呢？

答案显然是否定的。而要想找到最适合的那个人，小张首先应该对自己有足够的了解和清晰的定位，明确 3 个问题：

我是一个怎样的人？（使命）

我想找什么样的女朋友？未来希望和女朋友发展到哪一步、如何相处？（愿景、价值观）

使命、愿景、价值观是企业成功的关键要素，是招选“将才”的秉轴持钧，也是“北斗七星”模型的第一颗星（见图 2-1-1）。企业离开了这些要素，一切皆空。

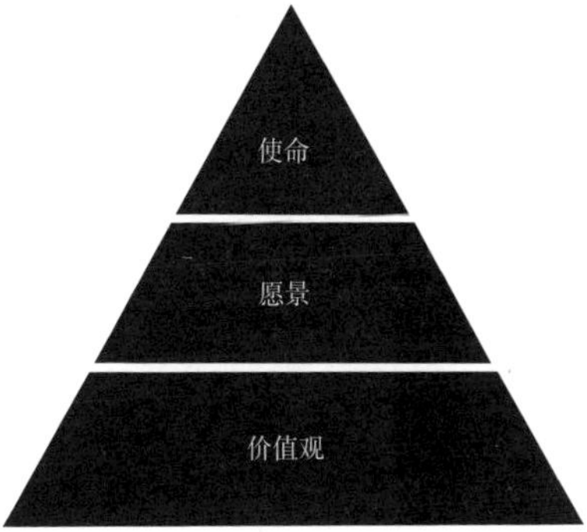

图 2-1-1 企业成功的关键要素（第一星）

使命、愿景、价值观就是企业的“画布”，你所招的所有人都要放在这张“画布”上，它是我们招对人的底层逻辑。

使命：宣告一份伟大的事业

使命解决的是“我为何而来”的问题，它是企业最重要的“顶层设计”之一。

使命就是“使出命来”

沉浮于商海，见多了起起落落的企业，相信很多人都能顺嘴说出许多榜样企业的使命。

☑ 阿里巴巴：让天下没有难做的生意

☑ 微软：致力于提供使工作、学习、生活更加方便、丰富的个人电脑软件

☑ 沃尔玛：给普通百姓提供机会，使他们能与富人一样买到同样的东西

☑ 迪士尼：使人们过得快活

通过这些耳熟能详的成功企业的使命，我们轻而易举就能发现这些使命的共同特征：它们传递了一个信息——企业为什么而

存在。

由此可见，使命强调的不仅是事情本身，更是做这件事情的非凡价值和意义，它代表的是企业创始人要为之“使出命来”。

那么，什么是“使出命来”？归纳起来，“使出命来”意味着要实现以下三大转变（见图 2-1-2）。

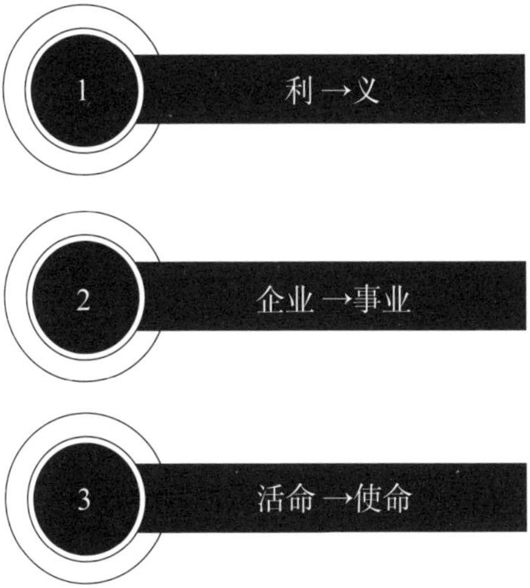

图 2-1-2 “使出命来”要实现三大转变

以开米线店为例，如果米线店老板要为之“使出命来”的事情仅仅是做一碗米线，那么，他的焦点就将聚焦在“干什么”（做米线）上，短浅的目光和狭小的格局就会永远把他禁锢在街角一家十几平方米的小吃店里，让他始终为“活命”而奔波。而为了“活命”，为了赚钱养活自己，当面对“义”和“利”的抉择时，他一定会毫不犹豫地选择后者。

这样的案例，在现实生活中不胜枚举。

反之，如果米线店老板要为之“使出命来”的事情是“打造一份世界级的米线”，那么，他的焦点就会从“干什么”升级为“我为什么要干这件事”（打造品牌），相应地，他对这家米线店的定位也就从“活命”的小店变成了为之奋斗的事业。

当他的逻辑发生变化时，他所采取的经营策略，以及为之努力的方向都会发生变化，他会想得更多、看得更远。在“义”和“利”之间，他不会选择“利”，而会选择更有价值的“义”。

古往今来，无数的实践和案例已经告诉我们：追求短期是急功近利，追求长期才能基业长青。企业只有“先义后利”，坚守长期价值，才能实现可持续发展。这也是如今很多“利”字当头的小老板、个体企业始终做不大，甚至很快就失败的根本原因。

从这个角度来说，“使出命来”就是要宣告一份伟大的事业，它是企业的天命，是“老天爷”的任务，它一定要具有非凡的意义和价值。

从“使力”到“使命”

一次，我们和辅导的一位客户交流，这位60多岁的客户告诉我们：“我做企业30多年，该有的都有了，什么都不缺了。但是我还是要坚持做一辈子。如果公司关掉，那么几百号员工怎么办？客户怎么办？”

与此同时，他自费在深圳成立了孔家协会，每年召集深圳所有尊崇儒家传统的企业研讨一次。

当时，我们好奇地问他：“您为什么要做这个事情？”

他告诉我们：“我们到这个阶段什么都不缺了，但是我觉得我们要回馈社会，感恩社会。过去的几十年，好的社会环境给了我们机遇……”

这位企业家的回答，让我们十分动容。事实上，我们遇到过许多这样的企业家。按道理，他们早就实现了财务自由，他们经营公司，也早就不是为了自己，而是为社会创造价值，对员工负责，对客户负责。并且，在这个过程中，但凡他们有一点儿自私的想法，他们都不可能做到几十年如一日做一件事。

那么，究竟是什么让他们摒弃了人性的自私，心甘情愿继续经营这份事业？正是内心的使命感和责任感。也正是因为有了这份使命感和责任感，这些企业家已经从“使力”过渡到了“使命”。

人们常说：“人是矛盾的个体。”这句话在企业经营管理中同样适用，尤其是对企业创始人而言。

如果我们认真研究一下人性，就会发现这两个字非常复杂也非常有趣。倘若我们把人性比喻成一座大山，那么，山的左边住着天使（善），而山的右边住着魔鬼（恶）。人性中的“魔鬼”是与生俱来的，从哲学角度来讲，它是人类的一种自带基因。

那么，这个“魔鬼”具体又是由什么组成的？

我们通过观察不难发现，答案就是两个字：私和贪。

所谓“私”，就是指自私。

所谓“贪”，就是指贪婪。

自私和贪婪混合在一起，就变成了疯狂的魔鬼。而一旦我们的内心被“魔鬼”攻占，那么，我们就会为利所驱使，变得贪得无厌、不择手段。

回归到企业经营管理的层面，在现实生活中，我们常常会看到许多企业管理者无法摆脱“私”和“贪”的控制，于是，他们习惯于把“名大、钱多、速成”当成企业的固有标签，把急功近利的“短、急、快”当成企业的发展节奏，把“一夜暴富、短期致富”当成企业的奋斗目标。最终，他们的企业都摔得很惨。

说到这里，可能有人又会提出这样的疑问：作为企业管理者，如何才能摆脱内心的“魔鬼”？

解决这个问题就要靠住在“山”那边的“天使”帮忙了。

所谓“天使”，代表的是企业家追求成功、渴望非凡、憧憬伟大的天性。作为企业管理者，如果你激活了内心“善”的一面，让内心的“魔鬼”归顺了“天使”，并为“天使”所用，那么，在经营管理企业的过程中，你就会看得更长远，就会更愿意去做一些对人类、对社会有意义的事情，而不是只考虑赚钱。

前面我们提到过，使命所代表的正是企业要宣告一份伟大的事业，从这个角度来说，使命正是激发企业家内心“天使”的一面、激发企业家希望获得尊重、获得荣耀、追求成功的深层需求的最好驱动力。

相应地，一个企业如果拥有了很好的驱动力，那么它在前行的过程中就永远不会跑偏，它就会得到健康、稳定、可持续的发展。这样的企业也正是人才愿意加入、想要加入的企业。

使命形成的 3 个方法论

在前文中，我们一直在强调，使命代表的是非凡的价值和意义，是先义后利、义大于利，是宣告一份伟大的事业。

那么，非凡的意义从何而来？企业的使命又源自哪里？

企业家应找到心底的热爱与使命，命自我立，缔造非凡，把办企业升级为与中华民族的伟大复兴相连接的伟大事业，把办企业的目的上升到造福社会、为世界创造价值、为人类的美好生活贡献力量的高度。

比如，一个生产饮料的企业家，一定要把自己做饮料的目的升级到守护人类生命健康的高度；一个生产米线的企业家，一定要把自己做米线的目的升级到打造一份世界级米线的高度；一个生产服装的企业家，一定要把自己做服装的目的升级到为人类的美丽和高尚贡献力量的高度。

当然，这些作为企业可持续发展重要驱动力量的使命，绝不是凭空想象出来的，它是从以下 3 个切入点中提炼出来的。

1. 使命源自业务

企业管理者的经营管理内容不应该是空洞的，企业管理者必须明白自己为什么要经营企业以及自己的企业究竟要做什么。对任何一家企业而言，要想实现未来的可持续发展，都必须将写在墙上、挂在嘴上的愿景和使命变成自己的业务。

比如，阿里巴巴是做电子商务的，所以它的使命是“让天下没有难做的生意”；福特是做汽车的，所以它的使命是“让每一个家庭拥有一辆汽车”。虽然在许多年前，无论是马云的“让天下没有难做的生意”，还是亨利·福特的“让每一个家庭拥有一辆汽车”，这些使命看起来都遥不可及，但在多年后的今天，它们都已成为现实，而马云、亨利·福特所创办的企业也都实现了可持续发展。

总之，使命一定要源自业务。

2. 使命源自崇高的社会责任

使命是整个组织的最高维，是“万仞之上”的巅峰。企业的使命有多高，取决于企业创始人的格局和梦想有多大。从这个角度来说，使命应该源自崇高的社会责任。

所谓“崇高的社会责任”，简单来说就是要为人类造福，为社会解决问题，为国家的发展添砖加瓦，为创造美好生活贡献力量。这种把企业的小我价值变成社会价值、国家价值和世界价值的崇高的社会责任也是企业最大的长期价值。

我们从前面提到的案例中不难看出，无论阿里巴巴的“让天下没有难做的生意”，还是福特的“让每一个家庭拥有一辆汽车”，都无一例外地体现出了企业家胸怀天下、造福社会，与人类相连接的社会责任。

3. 使命一定要宣告，即承诺企业长期的坚信和坚守

使命不是默默无闻的，它代表一种承诺、一种立场、一种驱动，它需要向员工宣告、向客户宣告、向供应商宣告、向合作伙伴宣告、向社会宣告。这是因为，企业只有在向全世界做出承诺后，其使命才能真正发挥出凝聚人心、上下同欲的作用，从而有效驱动企业坚守长期价值。

总之，所谓的长期价值就是要宣告一份伟大的事业，这份伟大的事业要源自业务，要源自崇高的社会责任，更要对全世界做出承诺。

以行动教育为例。行动教育做的是实效教育，所以我们的使命是“让实效教育改变世界”。这个使命也是行动教育将为之奋斗终生的伟大事业。这个向全世界宣告的使命中既包含了行动教育通过实效大道至简、行胜于言，改变教育，帮助1 000万企业家成功的美好愿望，也体现出了行动教育将伟大的事业与国家的事业、民族的振兴、社会的福祉连接在一起，为中华民族的伟大复兴贡献力量的决心。

正是因为有了“让实效教育改变世界”的使命，行动教育才将自身更强的驱动力激发出来，有了更好的发展，吸引了更多人才的加入。

使命的目的与意义

使命能够帮助企业感召人心、凝聚人心。

著名军事学家克劳塞维茨在他的《战争论》中，提到了战略要素首先包括精神要素。

经营企业也是同样的道理。企业坚持守护的可能是这种使命感，没有这种使命感，不可能有几十年如一日的坚持。而当企业明白自己能为社会创造什么样的价值时，这会直接影响员工的热情和信仰。

在《真北》一书中，作者比尔·乔治讲述了一个很打动人的小故事。比尔·乔治是著名医疗科技公司美敦力的前CEO，他在参观公司的一家心脏瓣膜工厂车间时，看到那里的工人需要对猪的心脏瓣膜进行改造，使其替代人的心脏瓣膜，整个过程需要很高的技术。

在工厂车间，他遇到了整个工厂技术最好的工人，一位来自老挝的移民，她每年可以完成1 000个心脏瓣膜的改造。

当乔治问她有什么秘诀时，她满眼放光地看着乔治说："乔治先生，我是在生产一些能够救人性命的东西啊……每次在一个完成的心脏瓣膜上签上自己的名字之前，我都会问自己，我是否愿意把这个瓣膜放到我妈妈或我儿子的心脏里。除非我能给出肯定的答案，否则我绝对不会让它进入下一个环节。只要有一个心脏瓣膜出了问题，有人就会死掉。"

日本经营之神稻盛和夫认为，做企业是唤醒人性的光辉和善，而不是利用人性中的恶；自利则生，利他则久。

如果一个人看到了自己工作的价值，深刻理解工作的意义，那么他将竭尽全力调动自己所有的潜能，全身心投入工作中。并且，越是高手，越需要意义感和价值感。而企业使命的存在，正是为了帮助员工看到自己的工作价值、理解自己的工作意义，激励员工为了一个共同的伟大目标而努力。

从这个角度来说，企业使命能够帮助企业感召人心、凝聚人心。

愿景：以终为始，远期目标

“画布”的另一大要素是“愿景”，它也是企业最重要的“顶层设计”之一。

设定一个远期目标——100 年要做的事

和“使命”一样，“愿景”也是在现实的企业管理中经常被提及的热词之一，它是指企业创始人对企业前景和企业未来发展方向的高度概括性描述，它是企业设定的一个长期目标，是企业未来要花 100 年去做的事情，它代表着企业创始人的最终梦想。

比如，行动教育的企业愿景是“帮助 1 000 万企业家成功”。

这个愿景就是行动教育为自己设立的一个长远的目标，是行动教育未来 100 年要做的事情。

归纳起来，企业愿景主要有以下三大特征。

☑ 愿景具有前瞻性和开创性，它是企业发展的关键指引

☑ 愿景描绘的是可以在一个特定的时期内实现的、让人热血沸腾的画面，能够对企业员工产生巨大的激励作用

☑ 愿景并非专属于企业创始人，而属于所有企业员工。企业内部的所有员工，都要参与企业愿景的构思与沟通，并就企业愿景达成共识

在现实的企业管理中，许多杰出的企业、杰出的企业家都非常重视企业愿景，比如阿里巴巴、华为。这是因为，作为企业的“顶层设计”之一，愿景发挥的作用的确不容小觑，企业有了清晰明确的愿景后，才能更高效地找准方向，培养人才，鼓舞士气，激发自身潜能，从而向着伟大目标更好地前行。

愿景≠使命≠战略

在提到愿景的时候，许多人总是喜欢将它和使命、战略混为一谈，事实上，对企业而言，愿景、使命和战略是完全不同的 3 个概念。接下来，我们就将分别为大家介绍愿景与使命、愿景与

战略的区别。

1. 愿景与使命的区别

在归纳它们的区别之前，我们不妨先来看几组不同企业的使命、愿景对比，如表 2-1-1 所示。

表 2-1-1 各大企业的使命、愿景对比

企业	使命	愿景
京瓷	在追求全体员工物质与精神两方面幸福的同时，为人类社会的进步与发展做出贡献	作为“价值的开拓者”，力争成为全球最有价值的品牌
无印良品	以真正必要的方式，制造生活中基本的并真正需要的产品	能够容纳所有人思想的终极的自由性，带给消费者“这样就好”的满足感
IBM（国际商业机器公司）	无论是一小步，还是一大步，都要带动人类的进步	点亮“智慧地球”
顺丰快递	客户满意、员工满意、社会满意	成为最值得信赖的、基于物流的商业伙伴
伊利	不断创新，追求人类健康生活	成为全球最值得信赖的健康食品提供者

你发现了吗？表 2-1-1 中提到的所有企业的使命都在描述企业存在的目的，而它们的愿景都在描述自己未来想要成为、可能会成为的样子。

由此，我们便可以概括出它们的区别：使命解释的是“我们为什么而存在”，即企业的创办是为了赚钱，还是为了造福社会；而愿景回答的则是“我们希望发展成什么样子”，即企业奋斗的终

极景象是什么。

需要注意的是，企业使命和企业愿景虽然各有侧重，但也互相依存、互相关联。我们可以用一句话来概括：使命是愿景的支撑，没有使命，愿景就是空谈。

2. 愿景与战略的区别

首先，组织的一切都是从使命和愿景中推导出来的，所有的企业都应该遵守这样的管理原则：先有清晰的使命和愿景，然后用战略去实现。

从本质上来说，愿景是一个宏伟的目标，它应该具有阶段性。无论山有多高，我们都需要从山脚下一步步往上爬。同样，要想实现企业愿景，我们就要学会对企业愿景进行定量分解，即根据愿景的时间长短划定公司长期目标与短期目标相结合的若干个时间段，以及在这些时间段中应该逐步完成的战略目标。

看到这里，愿景和战略之间的关系也就一目了然了：企业战略的制定是为了实现企业愿景的阶段性指标或阶段性任务，它源于愿景，也为实现愿景而服务。

比如，阿里巴巴的企业愿景是“成为一家活 102 年的公司”，应该说，“活 102 年”是一个长远的目标，是阿里人的终极梦想。那么，如何实现这个梦想呢？一个行之有效的方法就是对“102”进行分解。比如，在某一阶段，阿里巴巴要发展 B2B（企业对企业）业务；随着企业的不断发展，阿里巴巴又适时推出了淘宝、天猫和支付宝；又过了若干年后，阿里巴巴再次出击，制订了

“阿里云”计划……上述提到的B2B、淘宝、天猫、支付宝和“阿里云”，都是阿里巴巴在某段时间内制定的发展战略，而它们的终极目的都是让阿里“成为一家活102年的公司”，都是在为愿景服务。

3. 实现愿景的两条路径

明确了愿景的定义、特征以及与使命、战略之间的关系后，接下来，我们所面临的就是最核心的问题：如何实现愿景？

图2-1-3展示了实现愿景的两条最佳路径。

图2-1-3 实现愿景的两条最佳路径

1. 制定战略——3~5年规划

其实，关于愿景如何实现的问题，我相信阅读过前文的朋友已经有了自己的答案：把愿景分解为一个个具体可行的战略计划。

前面说过，企业战略的制定是为了实现企业愿景的阶段性指标或阶段性任务。因此，实现愿景的第一条路径，就是将愿景分解为一个个实际可行的战略计划。当然，战略计划并非要在企业创立之初就必须全部确定，企业应该根据当下的实际情况，分阶段去一个个确定，并有目的、有规划地去各个击破。

具体来说，企业在制定战略的过程中，应该遵守以下两大原则。

☑ 制定战略时至少要往前看 10 年

☑ 战略计划至少要包含企业未来 3~5 年的具体规划

2. 以终为始，先胜后战

实现愿景的第二条路径是以终为始，先胜后战。什么意思？简单来说，这就是企业要坚持初心、以终为始，清晰地知道该做什么、不该做什么；就是一米宽，千米深，万米深，专注、聚焦，把一件事做到极致，创造用户价值。

比如，今天我们的愿景是要打造一份世界级的米线，那么，我们就从这个终点，以终为始地来寻求开始。在做的过程中，我们要始终坚守初心、保持定力，拒绝内心的贪婪和外界的诱惑。

那么，如何做到以终为始，先胜后战？方法很简单，就是抓住定标、对标、标准 3 个点。

（1）定标

定标是指定标未来的样子，它解决的是从 a 点到 b 点、从今天到未来的问题，即“我要成为谁”。

从本质上来说，定标其实就是一个选择问题：你是要成为展翅高飞的“雄鹰”，还是要成为只能飞几米高的“苍蝇”？正所谓我命自立，人与人之间的差距，往往从做出选择的那一刻就开始了。

在这个世界上，只有那些胸怀大志、目标高远、争当雄鹰、争做第一的企业家，才能真正成就伟大事业。

所以，以终为始，先胜后战的第一步就是要制定一个世界级的高远目标。企业家要清晰地知道办企业的目的不仅是赚钱，还是造福世界、为人类的美好生活贡献力量。

（2）对标

企业有了目标，知道了未来的样子后，接下来还需要为自己选择一个世界第一的公司，使其成为自己学习的对象，这个过程也被称为“一抄二改”。

“抄”是复制学习，你要成为世界第一的公司的用户。比如，你想做咖啡店，那么，你首先就要成为星巴克的用户，向星巴克学习；你要做汉堡，那么，你首先就要成为麦当劳或肯德基的用户，向麦当劳或肯德基学习。

“改”是创新优化，即根据学习到的先进理念和先进方法，改进自己的理念和方法，不断向对标企业靠近，并最终超越对标企业。

（3）标准

所谓标准，就是指硬件、软件和基因裂变。

在这个世界上，万事万物都有自己的标准，世界级的公司就要有世界级的思维、格局和标准。确立标准后，企业再根据这个标准去查缺补漏：缺人才找人才，缺资金找资金，缺资源找资源……企业应从头做起，不断向世界级的标准靠近，并最终成为世界第一。

以上便是“画布”的第二大要素——愿景的相关内容。接下来，我们继续学习“画布”的最后一大要素——价值观。

价值观：同心、同德、同行

在前文中，我们介绍了“北斗七星”模型第一颗星“画布”的前两大要素——使命和愿景。而促使这两大要素真正落地的正是本节的“主角”——价值观。

价值观的定义

何为价值观？简单来说，价值观就是人对价值标准的判断，包括对公与私的判断、对义与利的判断、对快与慢的判断、对长期与短期的判断、对用户与自己的判断等，它决定了我们对外界做出什么反应。

毋庸置疑的是，在现实生活中，每个人都有自己的价值观，人与人之间最大的差异和鸿沟就是价值观。并且，这个价值观的形成绝不是一蹴而就的，而是长期积累的。正所谓“江山易改，本性难移”，价值观一旦形成，就很难改变。这也就意味着，企业在选择人才时，不要期望去改变人才，而应该从源头出发，去选择与自己价值观相同的人。

对企业而言，价值观是企业管理最重要的抓手。

首先，价值观是企业的行为准则。价值观代表的是一个人、一个企业的品德，它起到的是一种划定边界和约束行为的作用，它不是标准，而是底线。一个企业的价值观，就是该企业的行为准则。

比如，对企业员工来说，在工作的过程中，哪些是应该做的？哪些是坚决不能做的？判断的标准便来自企业的价值观。通常，价值观越高尚、越清晰的企业的员工越明白什么事该做、什么事不该做。

其次，价值观是企业的思想准则。如果没有共同的价值判断标准，企业就无法准确判断出谁是自己真正要找的那个“对的人”；如果没有共同的价值判断标准，企业就无法快速判断出哪些员工与企业“同心同德”。从这个角度来说，它也是企业的思想准则。

阿里巴巴创始人马云认为，企业味道的背后是文化，文化是用来品的，它展现的是不同企业之间的区别，不同员工之间的区别；企业有味道，产品才会有味道，服务才会有味道，人才会快乐。

那么，对企业而言，最能体现出其独特文化、最能统一员工思想的要素是什么？答案是价值观。

这也就意味着，一个企业的价值观是其镌刻的、区别于其他企业的独特基因。如果企业员工认同企业的价值观，那么，他就拥有了企业的独特基因，相应地，他就是企业需要的、与企业“同心同德”的人；反之，如果他不认同企业的价值观、做了企业不允许做的事，比如，欺瞒客户、弄虚作假等，那么他就与企业“气场”不合，理应被企业排除在外。

综合以上两点，我们可以得出这样一个结论：价值观 = 行为准则 = 思想准则。

价值观：以“文”化人

价值观对于企业的重要性主要体现在四个字上：以“文”化人。这里的“化”，是融化、感化之意。它强调的是因为有了共同的企业价值观，员工会更加认同企业、更好地适应企业文化并融入企业，最终实现由“我心”（认同自己）到“他心”（认同他人），再到“一条心”（认同企业，团结一心）的转变。

可以肯定的是，任何企业都不是由某一个人组成，而一定是由一群人组成的。并且，随着企业的不断发展壮大，加入企业的人也会越来越多。

正所谓“道不同不相为谋”，试想一下，在一个人员众多、机构庞大的企业中，如果企业员工没有统一的道德标准和行为准则，做不到“我心彼心、同心同德”，那么，这个企业势必会“四分五裂”，企业的管理也必将走向无序和混乱，企业又何谈凝聚力、向心力、自身发展？而改变这一切，让员工拥有统一的道德标准和行为准则，做到“我心彼心、同心同德”，唯有靠价值观。

价值观来自企业的使命、愿景、战略和业务，它能够帮助企业重塑文化、站高一线，激发向善的力量；它能改变员工行为，达到“我心彼心、同心同德”。那么，价值观的这一作用是如何产生的？要回答这一问题，我们还是要回到人的认知逻辑本身。

人所导致的所有结果都源自行为，人的行为又受到思想的指引，而思想源自人的信念，信念又来源于人的价值观。我们用一个简单的图来表示结果和人的行为、思想、信念、价值观之间的关系（见图 2-1-4）。

图 2-1-4　结果与行为、思想、信念、价值观之间的关系

我们由此可以看出，在人的认知逻辑中，价值观是最底层、最根本、最深沉的逻辑。按照这样的逻辑，在管理企业的过程中，如果企业树立了统一的价值观，那么企业员工就拥有了共同的目标和信念，而共同的目标和信念又会催生统一的道德标准和行为准则。

正所谓“同德才能同心，同心才会同行”，如果德不在一起，那么心也不会在一起。只有有了统一的道德标准和行为准则，企业才会有真正的“我心彼心、同心同德”，并最终实现自身的有序管理和稳步增长。

说到这里，我不妨和大家分享一个李践老师的小故事。相信通过这个故事，大家对于价值观的作用和魅力一定会有更深刻的理解与认识。

1992 年 11 月，李践老师在云南成立了昆明风驰传媒有限公司。7 年后的 1999 年，风驰成为中国很赚钱的广告公司，资产从初创时的 20 万元增长到 1 个多亿元。

彼时，某集团旗下刚刚成立一年的 E 公司在香港成功上市，开始进军内地广告传媒行业。通过调研，已经拥有良好国际网络和稳健财务管理的 E 公司看重了风驰传媒，并出资两个多亿元收购了风驰传媒 49% 的股份，风驰传媒一跃成为 E 公司在中国大陆的第一家子公司。

此后的 3 年间，E 公司又以同样的方式收购了 17 家大型广告公司。而在收购的过程中，为了抬高收购价格，这 17 家大型广告公司几乎都进行了财务造假。比如，某公司的利润原本只有 2 000 万元，其为了抬高收购价格，通过造假将这个数字变成了 5 000 万元。

这种造假行为带来的最直接的负面效应便是原本想在内地广告传媒行业大展宏图的 E 公司接连亏损。在这样的背景下，李践老师临危受命，被任命为 E 公司的 CEO。

俗话说："新官上任三把火。"李践老师上任后"烧"的第一把火，就是清算资产。通过摸底排查，李践老师很快就弄清了过去 3 年 E 公司亏损的主要原因。为了改变这一状况，他召集所有子公司的中高层管理者开了一次战略升级会议，共同梳理战略、梳理产品、梳理聚焦、梳理流程，以求找到解决问题、扭亏为盈的有效方法。

在这个过程中，李践老师问了自己这样一个问题：假如自己只有一次机会，那么，最重要的、最应该解决的、最“牵一发而动全身”的事情究竟是什么？

在经过了深刻的思考后，他给了自己一个笃定的答案：价值观。

李践老师意识到，在当时的状况下，E 公司的确有许多需要改进的地方，比如，战略、产品、流程等，但相比之下，其最需要重塑的还是价值观。正所谓“做事先做人”，而人的核心是德，是价值观，如果人的价值观问题解决不了，那么一切都是空谈。

有了思路后，李践老师迅速行动。在充分考虑了自己管理 E 公司的初心（实现业绩增长），E 公司的使命（塑造世界级品牌）、愿景（成为令人尊敬的公司）、战略（成为亚洲一流传媒公司）后，李践老师和团队中的其他管理者一致认为，当前的 E 公司最需要解决的、最影响自身发展的便是“诚信”问题，于是，他们将 E 公司的价值观定位为“诚信为本、品牌第一”。

有了价值观的E公司也迅速“活”了过来，在“诚信”这一企业价值观的指导下，过去弄虚作假的局面被扭转过来了，员工凝聚力增强了、工作积极性提高了，随之而来的是业绩也逐渐变好了。仅仅一年后，E公司的利润就实现了118%的增长，年销售额高达33亿元，利润为8亿元，成为中国极具影响力的传媒集团。

李践老师的故事告诉我们：企业管理者要想更好地管理一个人员众多的庞大组织，要想让企业里的每一个人都“同心同德”、向着同一个方向努力，就必须依靠价值观。反之，如果企业没有建立起统一、清晰的价值观，那么企业员工就不会拥有统一的道德标准和行为准则，最终，企业管理就会变得混乱，企业就会走向分裂和毁灭。

这也意味着，在现实的企业管理过程中，作为管理者，与其说我们是在“招聘人才”，不如说我们是在寻找和吸引志同道合之人。

价值观的来源

既然企业价值观如此重要，那么，它究竟来源于哪里？

可以肯定的是，企业价值观绝不是照抄照搬得来的，也不是某个副总闭门造车想出来的。它应该来源于企业创始人的基因。

所以，一般来说，企业价值观的初稿都是由企业创始人拟定的。

那么，企业创始人应该如何拟定价值观的初稿？我们认为以下 3 点非常重要。

首先，企业创始人要找到自己的使命、愿景和战略，清晰地知道“我是谁”“我要去哪儿”“我要成为谁”，并立足于自己的使命、愿景和战略，再制定具体的价值观。

其次，企业价值观制定的目的是解决“人才入口”和“人才出口”，其中，“人才入口”是指人才选拔的标准，“人才出口”是指员工需要具备的“德”。因此，价值观一定要具有感召人才、凝聚人心，实现“同心同德”的作用。

最后，价值观不是一成不变的，而是会随着企业创始人思维的转变与企业发展现状的改变而改变。

价值观的标准

我们在前文中提到，价值观就是人对价值标准的判断。那么，企业的价值观，也就代表企业对价值标准的判断。这种判断，我们认为应该具有三大标准。

1. 企业标准

在具体解释企业标准之前，我们想首先请问大家：股东、员工和客户，你认为谁最重要？

关于这个问题，答案无外乎有 3 种。第一种：股东。没有股东，就没有企业，只有保证了股东价值，才能保证企业的价值。第二种：员工。只有员工成长了，他们才会更好地服务客户，从而更好地促进企业的发展。第三种：客户。没有客户，企业的发展就是无水之源。

那么，这3种答案究竟哪个才是标准答案？每一种答案都正确、都有道理。并且，这3种答案的每一种也都分别代表不同的企业标准。

简单来说，所谓企业标准就是企业对待股东、对待员工和对待客户的具体标准，即股东、员工、客户在一个企业里的价值排序。它回答的问题是，企业究竟强调的是股东第一、员工第一，还是客户第一？

需要注意的是，尽管企业标准并没有对错之分，但根据我们多年的实践经验以及观察分析，我们发现如今世界上大部分的卓越企业都倾向于“客户第一”。而“客户第一”也是行动教育的价值标准。

2. 工作标准

所谓工作标准，简单来说就是企业对员工工作态度的要求。比如，有的公司强调品质为王，有的公司强调精益求精，有的公司强调服务精神，有的公司强调持续改进……

只有达到了工作标准的员工，才是企业要找的志同道合之人，反之，员工就不符合企业的要求。

3. 道德标准

除了工作态度外，员工的道德品质也至关重要，这里的道德标准代表的就是企业对员工道德品质的具体要求。比如，诚信、敬业、责任心、主人翁精神等。

需要注意的是，企业的道德标准并不是随意制定的，是结合自身的实际情况提炼出来的，它所强调的内容应该是企业最欠缺的、最需要改进的内容。

以行动教育为例，2013 年，当李践老师刚刚成为行动教育 CEO、进入企业培训行业时，李践老师发现当时的企业培训行业普遍都存在一个错误逻辑：假大空，好高骛远，放大梦想，不够诚信，趋利避害。

正是基于此，李践老师才为行动教育提炼出了“诚信为本，实效第一”的企业价值观。

价值观的渗透

相信通过对前文的学习，大家对于价值观的本质、作用以及来源、标准都有了更深刻的理解。不过，在实际的企业管理过程中，或许我们还会遇到这样的难题：

> 如果企业有一个人，那么企业就会有一种价值观；如果企业有两个人，那么企业就会有两种价值观；如果企业有三个

人，那么企业就会有三种价值观。相应地，当一个企业拥有100人、1 000人、10 000人甚至更多人时，企业就会拥有100种、1 000种、10 000种以及更多种价值观。那么，企业如何才能将不同员工的不同价值观进行统一，找到具有共性的企业价值观？

可以肯定的是，作为企业最重要的管理工具，价值观绝不是员工做出来的，也不能停留于表面——贴在墙上的一句标语或者挂在嘴上的一句口号，而必须是“以上统下”制定出来的；它向企业员工一层层渗透、输出，并最终成为所有企业员工共同遵守的道德标准和行为准则。

具体来说，价值观的“以上统下”又可以分为6个步骤。这6个步骤，也被称为“六层渗透”（见图2-1-5）。

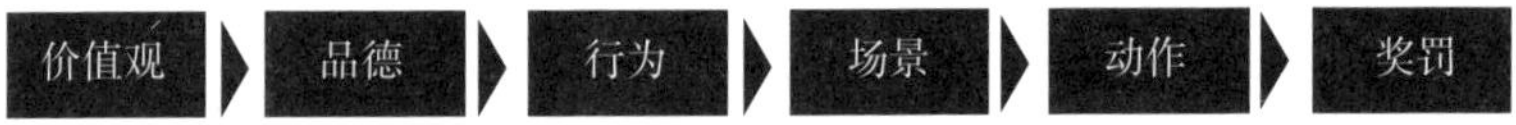

图2-1-5　价值观的“六层渗透”

（1）价值观

价值观源自哪里？它源自创始人的初心，源自企业的使命、愿景和战略。

以行动教育为例，其使命、愿景、战略分别如下：

☑ 使命：让实效教育改变世界

☑ 愿景：帮助 1 000 万企业家成功

☑ 战略：世界级实效商学院

行动教育的使命、愿景和战略，也代表创始人李践老师的创业初心。考虑到实际情况，李践老师认为，不管要完成自己的创业初心，还是要实现行动教育的使命、愿景、战略，都离不开诚信和实效，于是，他总结了这样的价值观：

☑ 价值观：诚信为本，实效第一

（2）品德

提炼出价值观后，企业还要将价值观细化为具体的品德。

以行动教育为例，经过提炼，“诚信为本”又可以细化为绝不虚假、不找借口、有责任心、坚守承诺、值得信赖 5 种品德；“实效第一”则细化为简单直接、精益求精、持续创新、超出期望、成为专家 5 种品德。

这些品德都是行动教育员工必须具备的品德。

（3）行为

明确了员工需要具备的品德后，企业如何衡量员工是否具有这种品德呢？这里就涉及价值观“六层渗透”的第三层——罗列出每一种品德对应的行为准则。

以行动教育为例，其价值观细化出的每种品德所对应的具体行为如表 2-1-2 所示。

表 2-1-2　行动教育行为准则

诚信为本	行为准则	实效第一	行为准则
绝不虚假	· 不说假大空话	简单直接	· 复杂事情简单化
	· 说话做事有依据		· 做事抓重点
	· 为人正直		· 成果量化，设定期限
不找借口	· 100% 担当责任	精益求精	· 把一件事情做到第一
	· 内向思维，不抱怨		· 高标准、严要求，持续反省和改进
	· 对工作成果负责		· 咬定目标，决不放弃
有责任心	· 在要求别人前，自己先做到	持续创新	· 每天为客户提供 10 倍以上价值的产品和服务
	· 第一次就把事情做好		· 每周都有 5 个小时以上的专题学习
	· 有主人翁意识		· 每月至少有一次主动变革，带来绩效突破性地提升
坚守承诺	· 答应别人的事情，一定要做到	超出期望	· 每月保证客户成果
	· 全力以赴达成既定目标		· 给客户惊喜感
	· 有敢于承担后果的勇气		· 让客户重复使用
值得信赖	· 做事独当一面	成为专家	· 10 000 个小时的训练
	· 严于律己，尊重他人		· 客户赞不绝口
	· 利他爱人，凡事感恩		· 对国家和社会有突出的贡献

员工只有遵守了以上行为准则，才能具有相应品德。

（4）场景

有了行为后，企业还要把价值观继续“渗透”到具体的场景中，将员工的行为准则落实到具体的工作环境中，以案例形式呈现。比如，员工在什么时间、什么场合不说假大空话，说话做事有依据，为人正直等。

（5）动作

动作就是对场景的案例进行对错分析，即在相应的场景中，哪些动作是允许做的，哪些动作是不允许做的。

以打卡的场景为例，在行动教育，请人代打卡、虚假打卡等就是不诚信的动作和行为，是坚决不被允许的。

（6）奖罚

价值观“六层渗透”的最后一层“渗透”是奖罚规则的制定。这一点很好理解，即企业对价值观进行考核，对于符合价值观的行为，给予员工奖励；反之，对于违背价值观的行为，对员工进行惩罚。

一般来说，企业价值观至少深入以上六层的第五层，企业才能说是真正确立了自身价值观，价值观也才有可能真正落地。以行动教育为例，在完成了以上六个层面的“渗透”后，“诚信为本”这条价值观就呈现出了这样的形式，如表 2-1-3 所示。

表 2-1-3　行动教育价值观“六层渗透”

价值观	品德	怎样做			不能做		
		行为	场景	打分	行为	场景	打分
诚信为本	绝不虚假	· 不说假大空话 · 说话做事有依据 · 为人正直			· 说假大空话 · 主观臆断，不实事求是 · 不制止损害公司利益的事情		
	不找借口	· 100% 担当责任 · 内向思维，不抱怨 · 对工作成果负责			· 遇到问题时，指责抱怨 · 我是一个受害者 · 逃避、拖延、冷漠		
	有责任心	· 在要求别人前，自己先做到 · 第一次就把事情做好 · 有主人翁意识			· 做事拖延，推一下动一下 · 学习力不够，不爱钻研 · 投机取巧		
	坚守承诺	· 答应别人的事情，一定要做到 · 全力以赴达成既定目标 · 有敢于承担后果的勇气			· 乱承诺，说话不算话 · 没有说到做到的决心 · 不敢承担后果		
	值得信赖	· 做事独当一面 · 严于律己，尊重他人 · 利他爱人，凡事感恩			· 太计较个人利益，不顾全大局 · 对别人苛刻，对自己标准降低 · 损人利己		

总之，价值观绝不是“看见别人有，我也要有”，它的存在离不开逻辑的支撑。其中，创始人的管理理念和企业的使命、愿景、战略便是最重要的逻辑。与此同时，当具体的价值观提炼完成后，

就如剥洋葱那样，企业一定要对价值观进行层层分解和“渗透”，让它成为具体可操作的道德标准和行为准则。

最后，我们想强调的是，企业价值观的最终成稿应该经过反复打磨，这是一个依靠全公司的力量、经过反复讨论后达成共识的过程。具体来说，价值观的形成过程就可以分为以下6个步骤。

☑ 企业CEO草拟企业价值观初稿，再通过六层渗透进一步细化

☑ 人力资源负责人牵头成立企业文化专项项目小组，并召开管理层会议就企业价值观进行集中讨论，形成企业价值观第二稿

☑ 针对管理层的第二稿进行全员培训和讨论

☑ 全员培训和讨论结束后，分小组就全员培训和讨论内容做进一步的分享和反馈，并收集分析和反馈内容，形成企业价值观第三稿

☑ 价值观第三稿拟好后，下发给子公司负责人，让子公司负责人对团队进行不低于2个小时的企业价值观培训

☑ 子公司的团队学习完后，子公司负责人负责收集员工学习的反馈和分享，并形成企业价值观第四稿反馈上去，最终形成企业价值观定稿。

最终，在经过了以上6个步骤后，确定下来的价值观才真正符合企业实际、能代表全体成员的道德标准和行为准则。并且，在

制定企业价值观的群策群力的过程中，员工对于企业价值观往往也会有更深的认识。

价值观的落地

在前文中，我们强调了价值观应该是全体员工共同讨论的结果。其实，与价值观的提炼和建立相比，更重要的是价值观的最终落地，因为只有价值观落地了，企业的使命、愿景、战略才能最终落地。

那么，价值观应该如何落地？以下是四大路径：上、下、左、右。详情如图 2-1-6 所示。

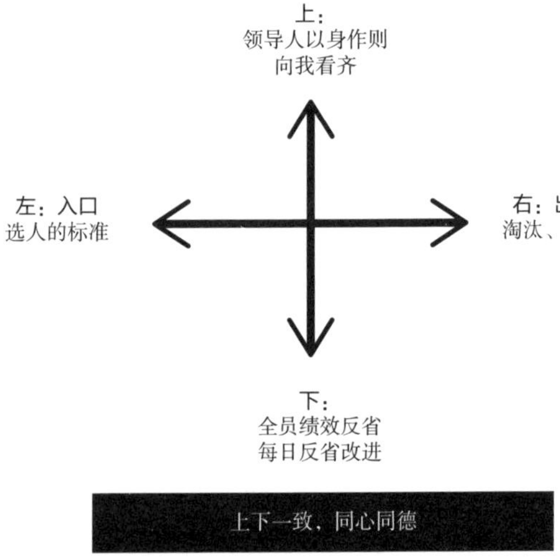

图 2-1-6　价值观落地方法："上、下、左、右"

1. “上”：领导人做到“向我看齐”

“上”指的是企业管理者以身作则，遵守并践行企业价值观，为员工树立榜样，号召员工“向我看齐”，它体现出的是一种思维管理，这种思维管理也是管理的最高境界。

正如《论语》所言：“其身正，不令而行；其身不正，虽令不从。”根据我们的实践经验，在践行企业价值观时，员工并不会听你说什么，而只会看你在做什么。因此，要想促进企业价值观的完美落地，企业管理者所倡导的和所做的是否一致至关重要。

2. “下”：“三化”——日常化、行政化、视觉化

“下”指的是价值观要通过“三化”，即日常化、行政化、视觉化（建立企业识别系统），渗透到包括保安、保洁在内的全体员工的日常行为中去。

（1）“日常化”

“日常化”指的是“三每三对照”，即每人、每天、每件事都要做到反省、落地和改进。在具体的实施中，企业可以借助“两会一本”——晨会、夕会和管理日志。

具体来说，在每天的晨会、夕会上，团队中的每个成员都要对照价值观及“六层渗透”相关内容认真进行反省。比如，一个团队中有8个员工，那么，第一天可以由第一个员工反省价值观“六层渗透”内容的第一条，第二天可以由第二个员工反省第二条，以此类推，循环反复，反省反省再反省。

并且，在反省的过程中，员工还要做到具体、实际、有内容。

比如，当员工在反省“不说假大空话”这一条时，要仔细想想在过去的工作中，自己究竟有没有过类似的举动，如果有，那么这类举动是什么时候、什么原因导致的。只有找到具体原因后，员工才能有的放矢地进行改进。

总之，反省就是员工要列举自己没有做到的事情，它强调的不是表扬，而是通过反省去改进。在日复一日的反省中，员工就会距离正确价值观越来越近。

（2）“行政化”

“行政化”是指把价值观列入《员工手册》和日常员工行为规范制度中，以达到检查、监督、执行的目的。一旦发现员工做出了不符合或触犯价值观的行为，企业就立即做出严肃处理，绝不姑息。

（3）“视觉化”

“视觉化”是指建立企业识别系统，即统一企业识别系统，导入企业整体形象设计，比如，纸、笔、信笺、名片等。

3.“左”：入口——引进人才的审核标准

“左”代表人力资源的入口，它具有两层含义。

首先，企业在选拔人才的时候，一定要把价值观视为重要的衡量标准，只聘用那些与企业价值观吻合的员工，对于那些不认同企业价值观的人，即便他们再优秀，企业也应该拒之门外。

其次，当应聘者通过面试、进入新员工培训期后，企业要重视对其进行价值观的宣导。

一方面，我们可以将新员工培训期作为考察员工价值观的试金石，通过观察员工在这段时间内的具体表现，最终判断出其是否认可企业价值观。在新员工培训期内，企业一旦发现员工不认可企业价值观，就应立即劝退；相应地，只有通过了新员工培训期内的价值观考核，新员工才能正式成为公司一员。

另一方面，在入职培训中，相关负责人一定要为新员工讲解企业价值观。通常，讲解企业价值观的工作应该由企业 CEO 或者人力资源总经理完成。而在企业 CEO 或者人力资源总经理进行企业价值观的宣讲之前，企业可以安排新员工提前去采访工龄一年以上的老员工，结合老员工对价值观的理解，以及其自身关于企业价值观的真实案例，新员工对企业价值观的理解往往能够更透彻、更深入。

总之，价值观也是选拔人才的第一条标准。

4.“右”：出口——淘汰或辞退员工

“右”代表人力资源的出口，它也代表一把“刀”。这把“刀”指向的是已经入职的员工：谁触动了企业价值观，做了企业价值观所不允许的事情，那么，“刀”就会“砍”向谁，谁就会被开除，即便他对企业的贡献很大，也不能幸免。

最终，在“上、下、左、右”的严格执行下，企业价值观必定会摆脱贴在墙上、挂在嘴上的命运，成为真正被员工认可、推动企业管理走向有序的道德标准和行为准则，并真正促使企业实现“上下一致，同心同德”。

第二星“画像”

德是价值观，才是必备能力，岗是高绩效

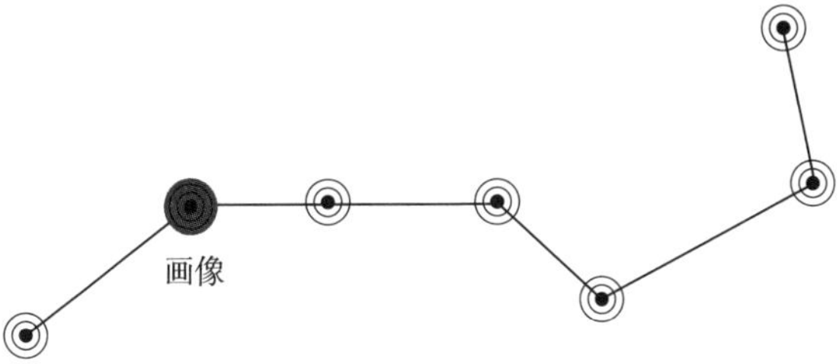

人才招选环节是企业人才模块最重要的牛鼻子工程。在这个过程中，或许你也曾遇到过以下问题。

☑ 面试时，不知道该如何去评判人才

☑ 人找到了，却不是自己想要的那个人才

☑ 招进来的人有自己需要的才，却没有企业需要的德

产生这些问题的根本原因，还是在于企业没有建立统一的招人标准、缺少清晰的选人法则。如何解决？最简单、最有效的方法就是建立人才“画像”，即在招聘前，先构建明晰的人才胜任力模型（见图 2-2-1）。

人才胜任力模型可用简单的 3 个字来概括：德、才、岗。其

中，“德”是价值观，“才”是必备能力，“岗”是高绩效。

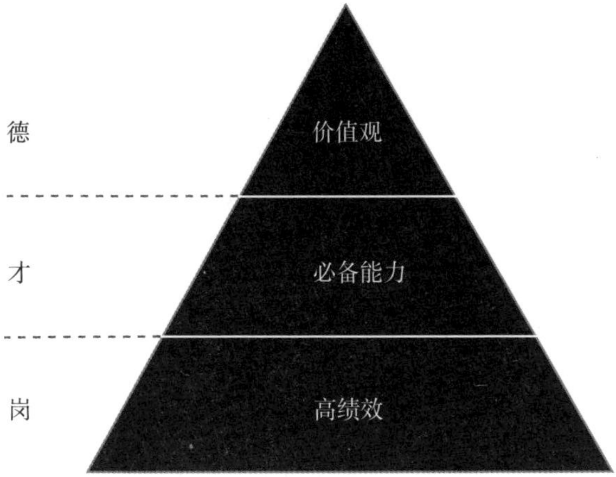

图 2-2-1 人才胜任力模型（第二星）

在人才胜任力模型三要素中，德是价值观，才是必备能力，岗是高绩效。这是所有企业招人的基准线。借助人才胜任力模型，企业就可以更快、更好地找同心同德、有能力、有高绩效成果的A级人才。

选对人要知“人心”、懂“人性”

> 为什么我们单位待遇不错，却还是找不到合适的人，招来的人干不好，好的人还经常留不住？

这是我们在课堂上或者与企业家面对面交流时经常被问及的

问题。其实，从某个角度来看，招聘和谈恋爱是一样的道理，都讲究要“遇见对的人”，而在茫茫人海中，要想找到那个“对”的人，首先就要“知”人心、“懂”人性。

企业选错人的5个原因

任何现象的产生都有其背后深层次的原因。结合多年的企业管理和企业咨询经验，我们认为，导致企业选错人的原因主要有5个。

1. 企业管理者的不重视和不参与

企业选错人的第一个关键原因在于企业以业务为导向，管理者对人才招聘不重视、不参与，这一点在中小成长型企业中表现尤为明显。

首先是企业一把手的不重视：企业一把手的眼睛始终盯着市场、渠道、客户……而忽略了最关键的人才。

其次是用人部门主管的不参与：用人部门主管认为跟人有关的事情，比如，招聘、培训、绩效考核，都是人力资源的事情，跟自己没关系。

要知道，企业一把手是企业的首席人才官，他决定了一个企业到底要什么样的人，而用人部门主管则是人力资源“选、育、用、留”的第一责任人，只有他才能更好地去选拔适合公司、适合组织和团队的人才，同时对人才进行培养、发展、任用、考核等。从本质上来说，这些工作并不应该全部交由人力资源，人力资源的主要任务是在用人部门主管“选、育、用、留”期间给予专业、资源、工具、方法上的支持与赋能。

2. 顶层设计不清晰

所谓顶层设计不清晰，是指企业的使命、愿景、战略不清晰。

我们在前文中强调过，企业的价值观来源于企业的使命、愿景和战略，因此，使命、愿景、战略的不清晰，又直接决定了企业价值观的不清晰。而企业的价值观代表企业员工应该具备的“德”，它的不清晰也导致了企业所需“德”的不清晰，最终导致企业选错人。

这样说，大家或许还会觉得很抽象，接下来，我们就以战略为例，为大家抽丝剥茧地详细介绍。

在培训的过程中，我们经常会强调：战略是高维的，它是企业的方向和路径。在一定的模式下，企业的战略通常有两大指向：一是价值创新，二是成本领先。

这两大不同的战略指向所生成的企业价值观是不同的。同理，它们对员工“德”的要求也不同。具体来说，以价值创新为指向的企业战略更强调员工要具有创新精神、更聚焦于价值；而以成本领先为指向的企业战略更强调客户第一，即员工要学会“省吃俭用”，把每一分钱都变成十分钱，以此来降低成本，让客户获得实惠。

在现实的企业管理中，如果企业的战略不清晰，那么企业就可能在以价值创新为指向的企业战略和以成本领先为指向的企业战略之间左右摇摆。由此，企业就不知道自己究竟需要哪种“德”。可想而知，最终结果便是企业始终找不到那个“对”的人。

以此类推，如果企业的使命、愿景不清晰，那么结果也是一样的。

总之，在招选“将才”的过程中，企业的顶层设计是第一位的，必须要聚焦、要清晰、要专注。

3. 千人千面，人与人之间有很大差距

企业选错人的第三个关键原因在于千人千面，人与人之间有很大差距。

正如世界上没有两片相同的树叶，世界上也永远没有两个完全相同的人。千人千面的背后蕴藏着人与人之间的千差万别。这种差别可能是思维模式、认知水平的差别，也可能是判断力、决策力、学习力的差别。

所以，作为企业管理者，当我们缺乏严格的人才选拔标准时，往往很难找到与岗位匹配、与企业气场相符的人才。

4. 人会粉饰和包装自己

除了人与人之间的千差万别之外，人心和人性也是影响企业管理者选人的因素。我们常说：“人心险恶，人性复杂。”那么，这种险恶和复杂又体现在哪里？答案是部分体现在粉饰和包装上。

说到这里，大家不妨回忆一下过去的经历。你是否也曾遇到类似的情形：面试的时候，明明觉得某个人很好，学识、资历、能力、价值观都很符合企业的要求，给你留下了深刻印象，可是等这个人真正入职后，却发现他和你想象中并不一样，要么能力跟不上，要么价值观有冲突……

企业管理者之所以会遇到这种情况，根源便在于部分人会粉饰和包装自己。比如，为了得到某个职位，应聘者故意掩饰自己的短板和不足，夸大自己的学识、资历和能力；为了迎合面试官的喜好，应聘者故意掩盖内心真实的价值观，而假装认同企业的价值观；等等。

当然，在面试时，每个人的粉饰和包装程度也会不同。而相较于这种善于粉饰的应聘者，更可怕的是那种长期“潜伏”在企业中的“伪装者”。比如，同行业的竞争对手派过来的“卧底”等。这种情况往往会出现在一些“后来居上”的本地行业龙头企业中。这些“伪装者”进入企业的后果往往不堪设想。这种隐藏在人才队伍中、善于伪装的“老狐狸”是最可怕的。

总之，在选对人的过程中，管理者要解决的一大难题就是人的粉饰和包装。

5. 人性决定了选用比自己弱的人

在前文中，我们提到的“人性”主要是从人才的角度论述的。而在现实的企业管理中，管理者本身的“人性”也可能成为其“选对人”的阻碍——因为害怕下属能力比自己强，功高震主，从而威胁到自己的饭碗，管理者总是习惯于选用和自己想法相近却比自己弱的人。

这就好比在中国古代的手工作坊里，每个师傅为了维护自己的权威，在传授技艺的时候都喜欢留一手。这样代代相传，不仅没有任何创新，技艺也越来越差。

最终，在这种“俄罗斯套娃”式人才选拔模式（见图 2-2-2）的影响下，企业选拔出来的人一个比一个能力差，且同质化严重，那些优秀的人根本进不来。

图 2-2-2 “俄罗斯套娃”式人才选拔模式

企业选对人的关键：知“人心”，懂“人性”

我们在前文中立足于企业实际，分析了目前大多数企业选错人的 5 个原因。其中，前两个原因——企业管理者的不重视和不参与、顶层设计不清晰，可以通过转变思维模式、建立“画布”得到有效解决。而剩下的 3 个原因——人与人之间有很大差距、人会粉饰和包装自己、人性决定了选用比自己弱的人，则需要管理者在“人心”和“人性”上多下功夫。

关于如何建立“画布”，前文已经进行了详细的阐述，这里不再赘述。下面，我们重点来聊一聊管理者如何做到知“人心”、懂“人性”，这两点也是企业选对人的关键。

“人心”之所以险恶、“人性”之所以复杂，归根到底，还是因为利益纠葛——每个人都会站在自己的角度和立场思考问题。而解决“人心”险恶、“人性”复杂问题的最好方式应该是回归原点。

这里的回归原点，主要包含以下 3 个方面的内容。

☑ 对每个人都怀着真诚、平等的态度

☑ 建立一套严谨的价值观体系和人才评判标准

☑ 按照评判标准公平、公正地评判人才，做到对事不对人

如果我们用更通俗易懂的语言解释，那么回归原点其实就是建立人才胜任力模型，对人才进行“画像”，即我们需要什么特征的人才，就“画”出什么样的人才，这里的特征包括性别、学历、特长等多方面的内容。人才“画像”完成后，在招选“将才”的过程中，企业就可以按照“画像”去考核和衡量人才了。通常，“画像”画得越精细、特征标得越清楚，我们就越知道自己需要什么样的人才。

作为企业管理者，当我们用这样的态度和方法去招选“将才”时，“人心”险恶、“人性”复杂所造成的干扰就会变小，相应地，

人才选拔工作就会变得更简单、更明了、更纯粹。

人才胜任力模型：德、才、岗

我们在前文中强调了企业解决“选对人”难题的关键是建立人才“画像”，即人才胜任力模型，这也是目前 95% 的西方企业都会采用的人才选拔模式。

在本节，我们就将为大家详细介绍人才胜任力模型的 3 个关键要素——“德”“才”“岗”。

德：价值观

“德”指的是价值观，它也是企业招人的“天条”。企业招聘的人才的价值观必须与企业的价值观一致，否则，即便他能力再强、再具有天赋和经验，企业也不能录用他。在现实的企业招聘中，价值观也是最容易被面试官忽略的，因为价值观是冰山模型下面隐藏的部分，往往很难被识别和察觉。

在考核应聘人员的“德”时，我们可以参考“三问”测评法。

1. 问本人

在面试的过程中，我们可以通过询问应聘者本人来了解应聘者。具体来说，我们可以询问他之前工作过的企业的文化、绩效考核机制、收入结构，以及他是否认同和适应等。通过这些问题，我们可以看出应聘者是否能适应企业文化和考核方式。

2. 问测评

除了“问本人”外，对应聘者“德”的考核还可以通过“问测评”来进行，即我们采用一些专业测评机构的测评工具，或者自行设计价值观评估问卷，让应聘者进行自评，并根据应聘者的自评结果考核其价值观。

需要注意的是，在价值观考核的过程中，如果面试官为了简单、方便，采用的是自己设计的表格，那么，为了避免应聘者因迎合面试官而在所有选项后面都给自己打符合，面试官还需要根据企业比较看重的一些品质有针对性地去设计问题，引导面试者列举出能说明自己具有这些品质的过往经历。

以行动教育为例，在招聘新人时，行动教育最看重的是人才是否具有学习力，那么，在面试的过程中，面试官就会针对价值观“实效第一”中的“持续创新”来进行提问。

☑ 你每周一般会安排多长时间的专题学习？

☑ 在这段时间内，你是怎么做的？你的时间分别花在哪里？

☑ 你是通过什么渠道去学习的？

☑ 你学过的内容为你带来的最大改变是什么？为什么？

……

面试官只有像这样一直追问下去，才能有效避免应聘者蒙混过关。

3. 问他人

问他人就是从其他人的口中探知应聘者的“德”的情况。常见的方法是做入职调查，即从应聘者的“老东家”那里、应聘者的同行那里去获取最真实的“一手资讯”。在做入职调查的过程中，面试官不仅要询问应聘者提供的联系人，还要通过人脉掌握其他人对他的评价。对于核心关键岗位，面试官还可以直接去应聘者之前的单位调查，或约他之前的领导出来面谈。

需要注意的是，在现实的招聘过程中，许多企业都会忽略入职调查这一步，认为其意义不大。事实上，新员工入职前的背景调查非常重要，它可以最大限度地避免因为价值观问题和劳动纠纷而带来的麻烦。

除了面试中的“三问”外，对应聘者“德”的考察还有另外一种方式，那就是设置一个关键考察期，即新员工培训期。当然，我们并不建议把对应聘者“德”的考察时间拉长到培训期，企业最好能在面试时考察应聘者的“德”，并得出结论。对于不符合企业“德”的要求的应聘者，企业应该直接淘汰，不要抱有侥幸心理，因为测评不出应聘者不是最可怕的，最可怕的是测评出应聘者的价值观不符合要求，却依然让其通过了面试。如果企业在培训期考察应聘者，那就要着重观察应聘者在学习企业文化时的态度、表情、状态以及接受程度和理解程度，及时淘汰不合适的应聘者。

才：必备能力

“才”指的是必备能力，这里的必备能力不仅是指应聘者能胜任岗位的特长、优势，还包括他本身的天赋、基因和潜力。这些要素也是我们判断一个人究竟适不适合应聘岗位，是不是企业需要的“对的人”的关键。之所以这样说，是因为天赋是在 1 万人的平均能力之上的，只有天赋才能创造高绩效。

在用人的过程中，我们始终强调“以终为始”和“用人所长”，而一个人持续时间最长的“长”，就是他的优势 / 特长 / 天赋。关于这一点，相关研究已经帮我们证实了：天赋所带给人的某方面的能力，将超越 1 万人的平均能力。这也就意味着，作为企业管理者，如果我们能发现或激发人才某一方面的天赋，那么，我们就找到了在这一方面能超越 1 万人的人才。

问题是，如何才能发现或激发人才的优势 / 特长 / 天赋？在回答这一问题前，我们首先要弄清楚优势 / 特长 / 天赋背后的逻辑，即优势 / 特长 / 天赋究竟来自哪里？归纳起来，优势 / 特长 / 天赋的来源主要有两个渠道。

首先，优势 / 特长 / 天赋来自时间的积累。正所谓“十年磨一剑”，人的优势 / 特长 / 天赋来源于长期的积累。通常，一个人在某方面花费了多少时间和精力，学习和了解了多少相关知识，做了多少相关的事，那么，他在这方面就能取得多少收获。并且，他的这些收获最终都会转化成优势 / 特长 / 天赋。

其次，天赋、基因和潜力来自热爱。俗话说："兴趣是最好的老师。"在现实生活中，我们每个人都遵循着这样的学习法则：如果我们对某件事情、某个领域感兴趣，那么我们就愿意去学习、去钻研、去尝试；反之，如果我们对某件事情、某个领域不感兴趣，那么我们的学习欲望就会相对较低。

前面我们已经强调过，每个人的优势 / 特长 / 天赋都是靠长期的积累得来的，而学习又是最好的积累方式。从这个角度来说，优势 / 特长 / 天赋正是来自热爱。

明确了优势 / 特长 / 天赋的来源后，在面试的过程中，管理者又该如何去衡量和考察人才是否具有与应聘岗位相匹配的优势 / 特长 / 天赋？

对此，我们的建议是不妨从图 2-2-3 所示的 3 点入手。

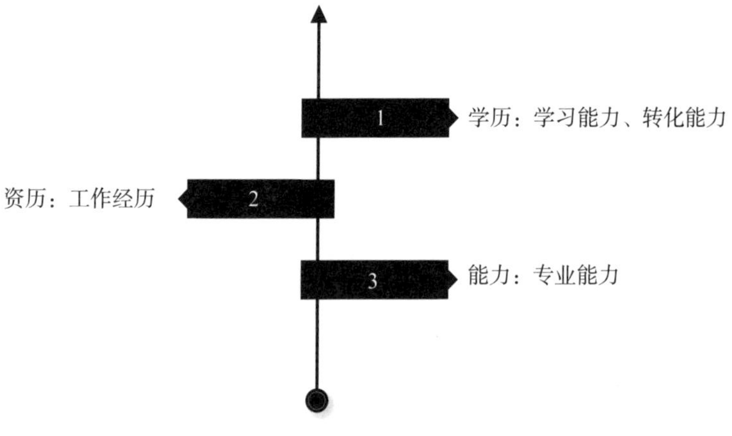

图 2-2-3　基于岗位匹配过来的能力

1. 学历：学习能力、转化能力

学历，就是人才的学习能力和转化能力。这里的转化能力指的是通过学习改变了什么，获得了什么成果。在面试的过程中，管理者可以从人才的简历中得知这方面的内容，比如，人才毕业于什么学校、什么专业、接受过哪些培训、得过哪些嘉奖、取得过哪些成绩等。

除了简历上明确列出的内容外，管理者也可以通过提问和引导去了解更多内容，进而做出下一步的判断。比如，管理者在面试时可以这样问：

> 在上一份工作中，你最大的收获是什么，你学习到了哪些以前不具备的知识？你是如何学到的？对于应聘的这份工作，你认为你最需要学习的是什么？你打算怎么学习？

通过判断，如果管理者得出的结论是参与面试的人才具有非常强烈的学习愿望和很好的学习能力，那么，这就表明他对学习感兴趣、有积累，他可能具有与应聘岗位相匹配的优势 / 特长 / 天赋。

2. 资历：工作经历

资历，就是人才过去的工作经历。

在现实的招聘过程中，企业管理者都有同样的感受：比起那些蜻蜓点水、见异思迁、经常变动，在一家企业和一个岗位上做不长的人，企业更愿意招聘那些一以贯之、在一个岗位上做了很久的人。

这背后的逻辑其实就在于在一个岗位上扎根多年的人，往往会有更多的积累，也更熟悉、更热爱这份职业。这样的人通常也更容易拥有与职业和岗位相匹配的优势 / 特长 / 天赋，更容易成为该领域的专家。

比如，在行动教育，当我们每次在招聘新员工时，除了看应聘者的简历，还会反复地问应聘者类似的问题：

> 你的这份工作做了多长时间？你热爱吗？怎么体现热爱？你说你热爱，而热爱的背后意味着时间投入，那么，你每天会花费多长时间在这份工作上？有没有废寝忘食？有没有达到痴迷？

总之，真正在某方面具有优势 / 特长 / 天赋的专家，一定是该领域的痴迷者和深耕者。

3. 能力：专业能力

衡量人才是否具有与岗位相匹配的优势 / 特长 / 天赋的最后一个标准是看人才是否真正具有相应的专业能力。

在行动教育，我们衡量的具体方法是对人才进行实操考核和测试，即给他布置一个与面试岗位相关的工作任务，让他制订工作方案，并告诉我们完成任务的具体动作、方法和时间。

通常，我们给人才布置的工作任务还会比实际的工作任务更重。

比如，假设行动教育要招聘一名面试官。在前面的面试中，我们已经认同了人才的学历和资历，此时，我们需要考察人才的专业能力。通常，我们就会给人才布置这样一个任务——为行动教育招聘 5 名业务经理。

那么，接到任务后，人才就需要制订具体的招聘方案，比如，去哪里找招聘渠道、采用什么招聘方法、人才什么时候到岗、预计留存率为多少等。从这个招聘计划中，我们就能大致判断人才的专业能力。

如果他的招聘方案做得不好，这就意味着面试结束了，他失去了最终的机会。如果他的招聘方案做得不错，那么，这又要分两种情况：如果其应聘的是低级别的面试官，那么，他就通过了面试；如果其应聘的是更高级别的面试官，比如，招聘经理，那么，他还要继续给人才委员会做提案，并由人才委员会对其进行最终的集体面试。

总之，一个真正具有与应聘岗位相匹配的优势 / 特长 / 天赋的人才，其专业能力一定是过关的。在招聘的时候，我们要选择的人，也一定不是“万金油”，而是“术业有专攻”的人才。

以上就是从学历、资历、能力 3 个方面去衡量人才是否具有与应聘岗位相匹配的优势 / 特长 / 天赋的具体方法。最后，我们结合自身实际总结出了在现实面试过程中寻找天赋的 4 个问题，以供大家参考。

☑ 你在做什么事情的时候感到乐此不疲、沉浸其中，而且很有成就感？（与岗位核心能力是否匹配，是否热爱）

☑ 做了多长时间？（精力有没有花在这件事上）

☑ 产生的成果？（成果不一样，天赋不一样）

☑ 你的方法和时间表？（现场制订解决方案，说出动作和时间）

岗：高绩效

顾名思义，岗指的是岗位。比如，销售、生产、招聘等，这些都是具体的岗位。

那么，对这些具体的岗位，企业如何进行“画像”、建立标准？答案是制定具体岗位的 KPI。

需要强调的是，KPI 是由具体的岗位成果来判断的，这也就决定了不同工种的 KPI 并不相同。比如，销售部门的员工 KPI 应该是销售业绩，生产部门的员工 KPI 应该是生产规模，人力资源部门的员工 KPI 应该是人才的招聘、管理与培养品质……

此外，不同级别的岗位的 KPI 也应该不同，详情见表 2-2-1。

表 2-2-1　不同级别的岗位对应的 KPI

岗位级别	KPI
总经理	利润
经理	团队绩效
员工	个人绩效

除了不同工种、不同级别的岗位KPI应该不同外，企业在建立岗位标准时，应该格外注意的一点是岗位KPI必须是可量化的。即具体的岗位KPI或者可以用数量量化出来，或者可以用时间量化出来，或者可以用成果量化出来……

比如，你的企业需要招聘一名面试官，毋庸置疑的是，这名面试官将来的主要工作就是招人。那么，在建立这一岗位的岗位标准时，你制定的岗位KPI就应该是每月招聘多少人、新入职员工的到岗率、留存率等可量化指标。再比如，你的企业需要招聘一名培训官，培训官的主要职责是通过培训去帮助员工提升绩效。那么，在建立这一岗位的岗位标准时，你制定的岗位KPI就应该是在规定的时间内组织多少场培训、培训考试的合格率等可量化指标。

总之，岗位KPI必须是一个可量化的、具体的指标，就像我们的体温表和血压表，而不能是笼统的。

说到这里，有人可能又会发出这样的疑问：岗位KPI如何确定？比如，面试官每个月究竟要招多少人？新入职员工的到岗率及留存率应该为多少？

对此，我们的建议是对具体岗位上表现突出的员工进行调研和监测，分辨出他们与表现中等和表现较差的员工身上的不同的特质。然后根据他们身上的关键特质进行岗位KPI的提炼和量化，以供招聘同类人才时参考。这种方法也被称为关键事件法，即标杆访谈。

当然，在建立了人才胜任力模型之后，企业还要不断对新招的人员进行检测和跟踪，不断调试和完善人才胜任力模型，保证这个模型能够提升核心人才筛选的精准度。

最后，我们想强调的是，建立人才胜任力模型的目的就是寻找“德才兼备”的A级人才。在“德”“才”“岗”3个要素中,“德”永远是第一位的，是企业招聘的“天条”；然后是“岗”——企业选对人必须是基于其需要的岗位；岗位KPI确定后，企业才能根据这个指标去衡量人才的“才”，即优势/特长/天赋。

德才四象限：德才兼备才是A级人才

在前文中，我们介绍了人才胜任力模型的“德、才、岗”3个关键要素。而从“德”和“才”两个要素出发，企业又可以将人才分为4类，如图2-2-4所示。

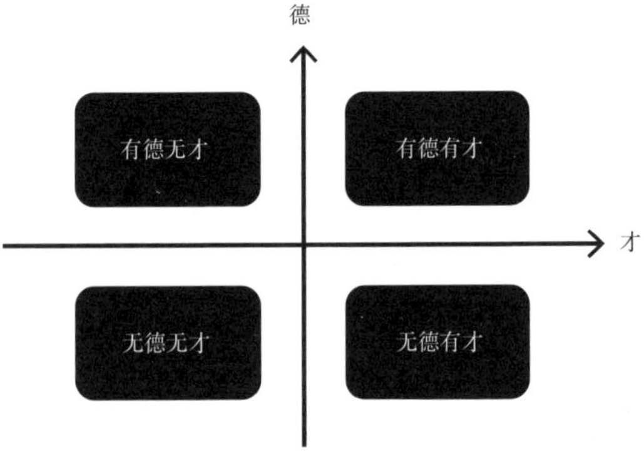

图2-2-4 德才四象限

那么，针对这四象限里的“人才”，企业在招人、用人的过程中又该如何抉择？根据我们多年的管理实践，我们认为企业在用人问题上一定要坚持“一用三不用”原则，即有德有才的人要重用，无德无才、无德有才、有德无才的人坚决不用。

有德有才的人要重用

一个人既有“德”（其与企业价值观相匹配），又有企业需要的“才”；既能遵守承诺、职场规则，又能积极甚至超额完成上级交办的任务；既不会经常抱怨，又能以积极的心态去迎接所有的挑战，用实际行动去解决工作中的问题，明确知道自己什么事情该做，什么事情不该做……这样的人才就是各个企业都“求贤若渴”的A级人才。

俗话说：“千里马常有，而伯乐不常有。”在现实的企业管理中，这类有德有才的A级“贤才”是企业最难遇到的。一旦企业遇到这类人才，就一定要扮演好“伯乐”的角色，提拔重用人才。

一方面，有德有才的A级“贤才”的个人绩效一般都很好，他们能给企业、团队带来高业务贡献；另一方面，有德有才的A级“贤才”其实相当于员工模范，他们可以引导团队成员分享有价值的知识与信息，为其他团队成员提高工作效率、提升工作能力提供了巨大帮助。他们在团队中起到了引导与示范作用。除此之外，有德有才的A级“贤才”在工作时还会不经意地传播正能量，这有利于传递企业的价值观，推动企业文化的建设与发展。

无德无才、无德有才、有德无才的人坚决不用

在前文中，我们分析了“有德有才”的A级“贤才”对企业发展的重要性，并且着重强调了要重用这类人才。相应地，剩下的三类人才——“无德无才”“无德有才”“有德无才”，就是企业坚决不能用的人才类型。

1. 无德无才

“无德无才”的人也被称为“废才”，这类人既不遵守职场道德，也没有足够的能力来完成自己的本职工作，用一个词来形容他们的状态就是“混日子”。他们不仅容易把团队氛围搞得“乌烟瘴气”，严重影响整个团队的团结和工作效率，而且还有可能趁你不备给你“致命一击”。

这样的人是一定不能出现在企业中的。

2. 无德有才

在现实的企业管理中，我们经常会遇到这样一类人：他们的个人能力十分突出，但其价值观与企业价值观并不匹配。对于这样的人，我们到底该不该用、能不能留？

相信这也是许多企业管理者在实际的企业管理中很头疼的问题，尤其是对创业企业的管理者而言。在现实生活中，我们不止一次地遇到过企业管理者向我们咨询类似的问题。并且，我们发

现，当一个“无德有才”的员工所带来的绩效越高时，出于团队业绩考量，企业管理者往往越难以取舍。

对于这个难题，我们的答案是“无德有才”的人的能力再强，也坚决不能留用。原因主要有两点。

首先，“无德有才”的员工的能力的确很强，或者其有很大的潜力，但他们并没有契约精神与团队精神，总是将自己的利益放在第一位，而在利用公司的资源得到成长后，他们很可能会“反咬一口”，成为公司的竞争对手。

在这一点上，齐桓公早在春秋战国时期就为我们做出了警示。

春秋战国时期，春秋五霸之首的齐桓公曾在晚年重用了一个人——易牙。这个人为了讨得齐桓公的欢心，采用了极其不道德的方法，即用自己亲儿子的肉给齐桓公做了一道菜。对于易牙的做法，齐桓公深受感动，认为易牙对自己很忠诚，加上易牙的厨艺高超，做出来的食物十分鲜美，于是就加以宠幸。

后来，管仲向齐桓公进谏，认为这人的做法背离了人类最基本的道德准则，请齐桓公疏远他。虽然齐桓公当时确实下令驱逐了易牙，但由于他自此夜不能寐、食不甘味，所以又将易牙召回来重用了。

齐桓公的选人失误，导致后来易牙勾结公子内斗争位，让整个齐国走向衰败，并且齐桓公自己也死在了易牙的手里，成为历史上结局最惨烈的帝王。

齐桓公正是因为重用了“无德有才”的易牙才最终走向了“灾难”。由此可见，没有“德”的“人才”就是企业里的“豺狼”，为了达到自己的目的，他们往往会不受道德和价值观的约束，甚至“背后捅刀”。

其次，留用“无德有才”的员工容易搅乱团队秩序，给团队成员发出这样一种信号：只要业绩好，价值观、方法论都不重要。而这样的信号显然是违背企业管理原则的。一旦这种信号出现，企业制度的约束力势必会被削弱，团队凝聚力势必会遭到破坏，最终，团队就会在一颗“老鼠屎”的影响下，变成“一锅坏粥”。

总之，在“人才”这个词中，首先是“人”，然后才是“才”，这也就意味着，任何一个人才只有先成“人”，而后才能成“才”。换句话说，如果一个员工不具备人的基本道德，那么他能力越大，对企业的伤害就越大，作为企业管理者，我们决不能“引狼入室”。

3. 有德无才

相比于“无德有才”之人，让管理者更加纠结的应该是“有德无才”之人。许多企业管理者总是会抱有这样一种观念：对于“有德无才”的人，企业下功夫培养他们，或许他们就变成“有德有才”的人了。对此，我们并不认同。对于有德无才的“庸才”，我们的建议也是坚决不用。

原因主要有两方面。

一方面，“有德无才”的人虽然价值观很正，但无法完成高绩效。并且，“有德无才”的人就和兔子一样，繁殖非常快。如果企业留用了他们，那么，随着他们的影响面越来越广，企业的效率就会越来越低下。所以，在阿里巴巴，这种“有德无才”的人也被称为“白兔”——无法完成高绩效，还会阻碍组织的健康快速发展。

另一方面，即便企业花费了大量时间去培养“有德无才”的员工，最终，他们可能依然还是“庸才”，没有本质上的改变。

以上哪种结果应该都不是管理者愿意看到的。所以，对于“有德无才”的员工，企业也不要心慈手软，最好的做法就是坚决不用。

总而言之，企业在选择、留用员工时，员工的“德”永远是考察的第一对象，它是整个企业的“核心基因”，“才”是必备能力，这两者缺一不可。换言之，在“德才四象限”中的4类“人才”中，我们只能重用德才兼备的“贤才”。

第三星“画饼”

筑巢引凤

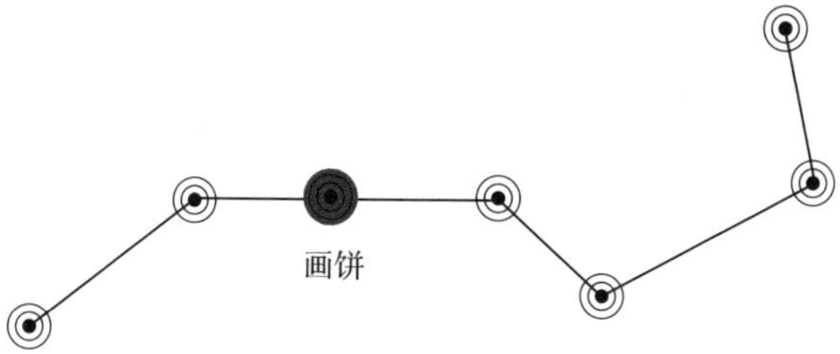

“北斗七星”模型第一星——“画布”强调的是做好企业的“顶层设计”，即宣告一份伟大的事业；“画布”定好后，企业紧接着要在“画布”上画出人才“画像”。

那么，伟大的事业由谁来宣告？企业的使命、愿景和战略由谁来落地？人才“画像”中的德、才、岗，又是为谁而准备？

答案无一例外都是“人”。

管理界有这样一句至理名言——得人才者得天下。的确，人才是一切的根本，企业只有找到合适的人，想到合适的方法，才能去做合适的事。反之，没有合适的人才，管理、财富等都是空谈。

当然，对企业而言，重要的不仅是人才本身，更是人才所拥有的能力以及人才所创造的绩效。

爱因斯坦告诉我们：能量 = 质量 × 速度。在企业管理中，能量代表的就是企业的利润，而质量和速度则分别代表人才的能力和绩效。这也就意味着，管理者不仅要学会选人，更要学会选对人。

那么，管理者如何做才能选对人？我们的答案是画饼——筑巢引凤。这里的“巢”，一是指组织发展，二是指人才理念，三是指“三高”模式。

在本章，我们就将从图 2-3-1 所示的三大重点出发，和大家一起聊一聊画饼——筑巢引凤的相关话题。

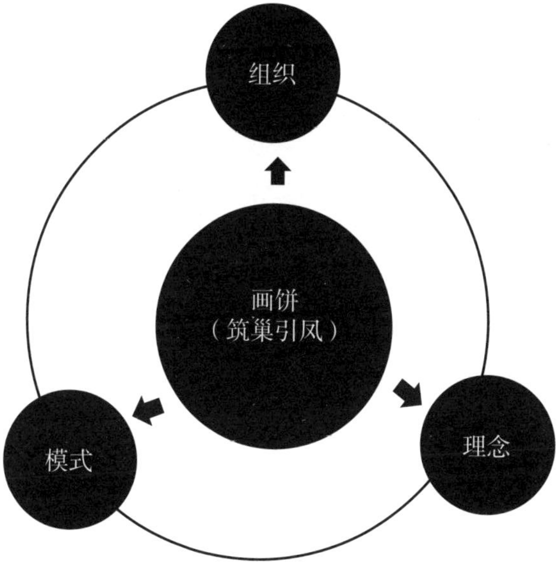

图 2-3-1 筑巢引凤的三大重点（第三星）

组织：搭班子，人尽其才

正所谓“术业有专攻”，企业只有分工明确，把合适的人放到合适的位置上，让他们做合适的事，他们才能发挥出最大效用，企业才能良好运行。而组织存在的目的，就是分工合作。

组织通过搭班子来搭建企业的关键机构，让企业的人才各司其职，并形成彼此之间的协作关系。它与企业的“顶层设计”之间存在着这样的关系：“顶层设计”来自人，人需要通过组织去实现“顶层设计”。

组织的“标配”结构

那么，组织如何进行分工合作？俗话说：“麻雀虽小，五脏俱全。”企业也一样，建立和发展一家企业，最终依靠的还是人。不同岗位与不同职能的人组合起来，就是一家企业的各大班子。

一般来说，任何一个企业（不管其规模如何）都有四大必备班子——人（人力资源）、财（财务）、物（研发）、销（销售）。这个“标配”结构也被形象地称为“四轮驱动”，如图 2-3-2 所示。

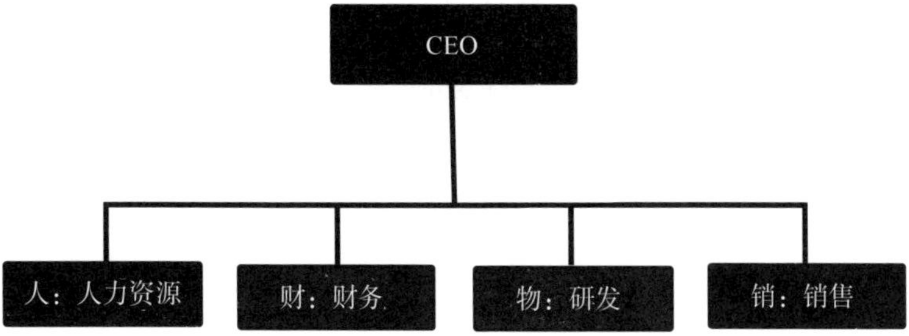

图 2-3-2 组织的“标配”结构

其中，人力资源、财务、研发属于组织中的“专业线”，销售则属于“业务线”。

1. CEO：组织的“头部”

位于企业组织架构顶层的是企业 CEO，他需要主持包括人力资源、财务、研发、销售在内的全部工作，其主要职责是全面统筹，把企业做强、做长。其中，“做强”就是让利润持续不断地增加，“做长”就是在不确定的环境下，不让企业因为颠覆性因素而突然间垮掉。

在这个过程中，CEO 首先应该把注意力放在“人”上，因为“先人后事”，人找到了、找对了，一切才有可能。著名的管理学家吉姆·柯林斯则将经理人分为 5 级，他认为能力最突出的第五级经理人应该擅长打造一支优秀队伍，把每个人放到合适的岗位上，使每个人的聪明才智都得到发挥。被誉为“全球第一 CEO”的美国通用电气前 CEO 杰克·韦尔奇认为自己最大的成就就是发现了一批人才，且他们比许多 CEO 都要优秀。

在现实生活中，因企业 CEO 不得力而导致的企业发展不理想的案例不胜枚举，而这些 CEO 失败的主要原因正是不懂人心。真正的企业家应该善于经营人心，并赢得人心。因为经营企业，就是经营人心。

总之，一个企业的氛围是从上往下传导的，一把手重视什么，管理者就重视什么。企业只有把人的品质抓起来了，事的品质才会上去，最终上去的才是增长率。

2. 人力资源：组织的“左膀”

人力资源是企业组织架构中的“人”，它是人才进入企业的关键通道。企业的组织要想建立起来，必须依靠人力资源将合适的人才招聘进来并放到合适的位置上，因此，人力资源也被称为组织的“左膀”。

具体来说，人才的招选在组织匹配上主要有招聘、培训、人事 3 个关键职能，如图 2-3-3 所示。

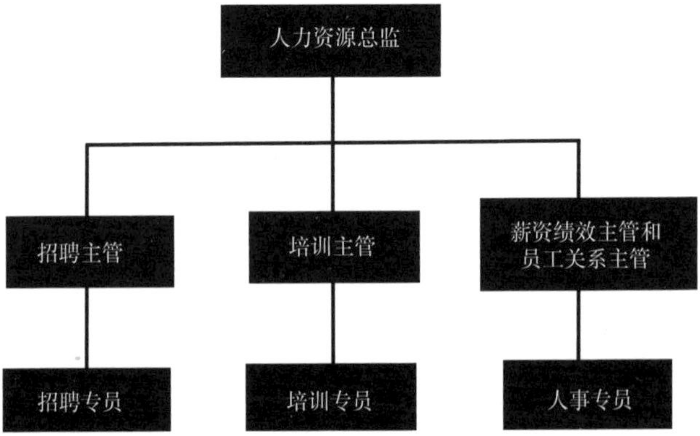

图 2-3-3　人力资源组织匹配

（1）人力资源总监

企业每年都要引进大批人才，员工的招选工作仅凭CEO的亲力亲为是不可能办到的，这时我们就需要建立专门的人力资源部门。这也就意味着，对任何一家企业而言，人力资源总监的定位都不能是内勤人员，而应该是组织后轮驱动的最重要的轮子之一，他必须专职、专业、专岗。

说到这里，我们想和大家分享这样一个小故事。

2000年，李践老师被李嘉诚钦点为E公司户外传媒集团CEO。李践老师上任后的第一件事，就是向董事会提出了一个要求：希望董事会允许他任命一个人为公司的副总裁，主管人力资源。这个人就是李践老师的恩师杨正坤教授。

李践老师之所以这样做，是因为他知道人才是企业的核心资源，要想更好地管理企业，他需要在第一时间任命一个有经验、有管理能力的人来主管公司的人力资源，而杨正坤教授原来就在李践老师的风驰传媒担任副总裁兼人力资源副总，是他的左膀右臂。

人力资源总监的主要职责是负责编制公司人力资源战略规划，为重大人事决策提供建议和信息支持。

（2）人力资源部门的职能

人是多变的、复杂的，需要企业投入人力、物力来维护。人力资源部门的责任重大，不仅要制定人才招选制度，还要保证员工迅速成长，让员工坐在最合适的位置上，并留住优秀员工。每一项责任的落实都是一个庞大的工程，需要细化到每个职能，由专人来负责。

因此，人力资源部又可以拆分为3个部分。

- ☑ 招聘专员。人才招选时的关键角色。人才合不合适、招多招少、怎么招、KPI怎么设定，这些问题都由招聘专员负责跟进
- ☑ 培训专员。企业就是一所大学，将人才招聘进来后，要让他们成为与企业完全吻合的合格员工，就需要专人专职进行教育提升。企业价值观的统一、员工潜力开发、人才的复制，都需要培训专员来完成
- ☑ 人事专员。除了招选和培训以外，其他跟人力资源相关的工作，比如，员工关系、薪资福利等都由人事专员负责

需要强调的是，公司再小，也必须设立人力资源部，无论人才引进规模是大还是小，招聘、培训、人事等关键职能可以合并，但不能舍弃。

3. 财务：组织的“右臂”

财务部门是企业组织架构中的“财”，是具体从事财务管理工作的职能部门。它是企业组织中的一个专业管理单位。如果说人

力资源是组织的“左膀”，那么，财务就是组织的“右臂”，它对企业的发展至关重要。

在企业的经营活动中，财务部门处在企业管理的中心环节。企业经营的每个环节都需要经过会计环节转化为会计信息，财务人员全面掌握着企业的各种经济活动和财务状况。具体来说，财务在组织的建设和发展中主要发挥两大功能：一是融资，二是成本控制。

4. 研发：组织的“左手”

组织中的“物”指的是研发，它主要包括两方面的内容，一是创新，二是生产。作为组织的“左手”，研发是企业生存、发展的重要条件，尤其是对一些生产性企业和一些高新技术企业而言。衡量这些企业发展后劲的一个重要指标便是在研发上的投入。

研发对企业发展的重要性也就决定了它在企业组织架构中的不可或缺性。

5. 销售：组织的“右手”

“销”是指销售，它是组织的“右手”。在日常生活中，大部分人都习惯使用右手，比如，用右手吃饭、写字、完成其他重要动作等。同样地，对企业而言，销售也是至关重要的一部分，它是产生企业绩效的关键部门，也是推动企业快速发展的关键因素。

如果把企业业绩的增长比喻成一场战争，那么，销售团队就是冲在战场第一线的战士，他们也被称为“业务线”；其他包括人力资源、财务、研发部门在内的员工则属于“后勤保障”团队，被称为“专业线”。按照正常的比例结构，“专业线”上的人员配置与“业务线”上的人员配置应该呈现 1∶9 的比例。也就是说，如果人力资源、财务、研发 3 个部门的人员加起来有 10 个人，那么，销售团队就应该有 90 个人。

当然，这个比例还是最基础的，如果管理者希望企业的发展和扩张速度再快一点儿，那么，“业务线”上的人员配置还要再乘以倍数。这个倍数也是由管理者想增速的倍数决定的。比如，管理者希望自己的发展速度提高 2 倍，那么“专业线”上的人员配置与“业务线”上的人员配置就应该呈现 1∶18 的比例；如果管理者希望自己的发展速度提高 3 倍，那么“专业线”上的人员配置与“业务线”上的人员配置就应该呈现 1∶27 的比例，以此类推。数据显示，最顶尖的公司增长至少都是 10 倍级，相应地，其组织架构上的“专业线”的人员配置和“业务线”的人员配置也应该呈现 1∶90 的比例。

这也就意味着，在一个企业的组织架构中，“业务线”上的组织角色是最多的，人员也是最广的。

影响组织发展的关键角色

上文介绍了组织的“标配”结构。组织的发展决定了企业的发展、企业所需人才的多少。而组织的发展又受到招聘官、学习官、财务官、销售官四大关键角色的影响（见图 2-3-4）。

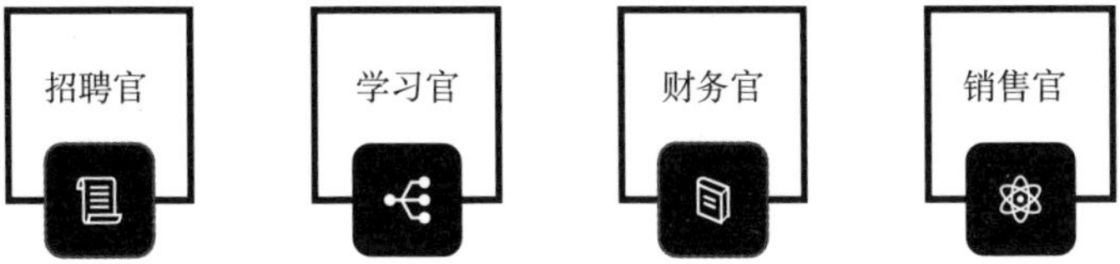

图 2-3-4 影响组织发展的四大关键角色

其中，招聘官是对组织发展影响最大、最关键的角色。组织架构上的所有人才，都是由招聘官选拔和招聘的。通常，在企业成立初期，因为规模小，招聘官就是人力资源主管。说到这里，我们不妨一起来看一个案例。

1991 年，为了实现风驰传媒的快速发展，李践老师先后赴北京、上海学习，而他完成对标学习回到云南后的第一个动作，就是招聘了一名人力资源主管。

这也是他为风驰传媒招聘的第一名员工。

至今，李践老师还记得当时的招聘情景。当时，他在报纸上刊登了一则招聘人力资源主管的消息，前来面试的人也很多，但李践老师始终没有找到自己想要的那个人。

直到有一天，李践老师面试了一位军人出身、做过人力资源、50 岁上下的中年男子。面试时，他告诉李践老师，只要是两年之内见过的人，他都能过目不忘。他的话引起了李践老师的好奇，李践老师便进一步询问他原因。

他告诉李践老师，做到这一点，靠的就是记住每个人的特征，因为人和人之间是有差别的，每个人都有自己的独特之处。并且，他还当场说出了当天与他一起参加面试的 20 多个人的不同特征。

这一番话深深打动了李践老师。于是，李践老师录用了他。

后来，这个人力资源主管上岗后，李践老师和他说到了北京、上海的大公司基本上都有自己的财务、设计、研发和营销团队。根据李践老师的组织规划，人力资源主管也迅速行动，开始了相关岗位的人才招聘工作。

作为企业“千军万马”的输入口，招聘官的优劣好坏，直接关系着企业的招聘效率和招聘结果。因此，企业在选择招聘官时，一定要把握“高渠道”原则——高标准、高要求，强调以质取胜，以一抵百。具体来说，其人才胜任力模型如图 2-3-5 所示。

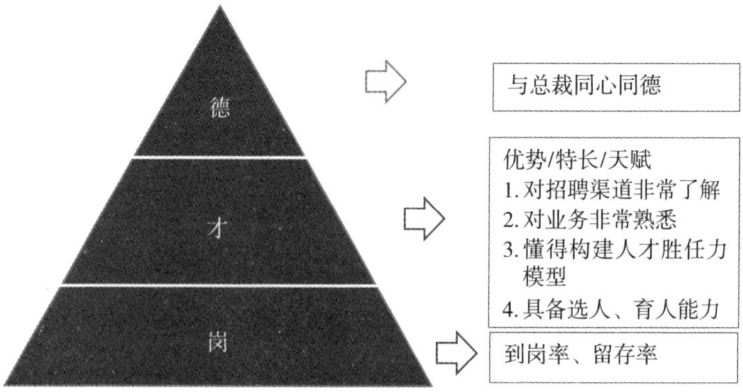

图 2-3-5　招聘官人才胜任力模型

随着招聘官、学习官、财务官、销售官四大关键角色的进一步细化，组织的规模也会越来越大。

如何提炼组织角色

通过阅读前文，我们已经明确了影响组织发展的四大关键角色。那么，这四大关键角色，以及随着企业的发展壮大，由这四大关键角色裂变出来的更多的组织角色又是如何被提炼出来的？在组织角色提炼的过程中，两大因素至关重要：一是管理者，二是人力资源三人小组。

1. 管理者：推动组织发展

我们说组织角色裂变的前提正是组织得到进一步的发展，而组织的发展又离不开管理者的推动。这里的管理者，既指作为首席人才官的 CEO、总裁，也指组织里的具体部门的领导者。比如，人力资源总监、财务总监、研发总监、销售总监等，他们主要履行以下 5 项管理职能（见图 2-3-6）。

图 2-3-6　管理者的 5 项管理职能

具体来说，在推动组织发展的过程中，管理者应该坚持两大原则。

（1）以人为本

以人为本意味着管理者要将焦点放在人身上，要把“选人、育人”当作自己的主要任务去抓。这是因为，对企业的发展而言，人对了，一切就都对了；人错了，一切就都错了。在现实生活中，我见过许多管理者都会犯同一个错误，那就是误以为“选人、育人”就是简单地把人招进来。

事实上，真正的“选人、育人”要复杂得多，它的重点不仅在于“选”，还在于“育”，即企业把人招进来后，要去培养人、发展人、淘汰人。尤其是发展人，因为随着企业规模的扩大，组织也在不断地扩大，组织需要的相关角色也在不断增加，所以，管理者把满足当前组织需求的人才招聘进来后，还要做好人才储备，为满足组织未来的需要做好准备。

（2）辩证地看待问题

管理者是推动组织发展的关键力量。在提炼组织角色的过程中，其扮演的角色非常重要，既要选人，又要育人。那么，这是否就意味着选人是无止境、无要求的？很显然，答案是否定的。这里就涉及一个很关键的概念——辩证法。

所谓辩证法，顾名思义，就是管理者在“选人、育人”的过程中要具有思辨能力，既要明确招聘人才的重要性，也要清楚其背后的破坏力和杀伤力，即“选人、育人”的成本。具体来说，在推动组织发展的过程中，一方面，管理者要堵住人才的缺口，保证每个关键岗位都有人；另一方面，管理者也要坚持宁缺毋滥的原则，明确“人才预算”，降低人才成本。

2. 人力资源三人小组：组织角色提炼的具体实施人

如果说管理者在组织发展和组织角色裂变的过程中扮演的是推动者的角色，那么，人力资源三人小组——CEO、用人主管和招聘经理就是具体的实施人。这 3 个人也被称为“黄金铁三角”，详情见图 2-3-7。

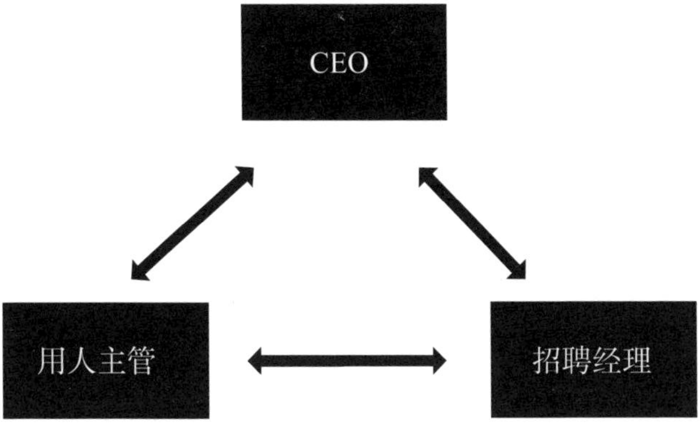

图 2-3-7 人力资源三人小组

那么，如何提炼角色？这里就涉及关键的“两会”制度，即人才招聘前的“立项会”和面试结束后的“复审会”。其中，“立项会”的目的是探讨企业究竟需不需要提炼新的组织角色、招聘新人，以及如果企业需要，那么组织中增设的具体岗位的招聘标准——“德、才、岗”画像应该是怎样的？“复审会”的目的是探讨面试的员工究竟是否符合企业要求、能不能入职。只有通过了“复审会”的复审后，人才才能真正获得企业的入场券。而随着招聘工作尘埃落定，组织角色的提炼也就完成了。关于“立项会”和“复审会”，我们将在后面的章节中做重点介绍，这里就不再赘述。

具体来说，“黄金铁三角”在提炼组织角色的过程中所承担的具体职责如表 2–3–1 所示。

表 2–3–1 “黄金铁三角”的职责

职位	职责
CEO	首席人才官，为吸、选、育、用、留、裁、接负全责
招聘经理	负责人才胜任力模型的构建，为到岗率、留存率负全责
用人主管	参与人才胜任力模型的构建，所有的管理者都是人才官，选人是第一任务

（1）CEO= 首席人才官

CEO 是企业的“首席人才官”，他要为人才的吸、选、育、用、留、裁、接负全责。这是因为，从本质上来说，企业就是一个大家庭，CEO 就是一家之主，他起到的是统领、负全责的作用。那么，CEO 在人才招聘上应该投入多少时间？我们认为，在创业阶段，CEO 在人才招聘上投入的时间应该占到 80% 以上，快速发展阶段的相应比例应该为 50%，成熟阶段的相应比例应该为 30%。

在这一点上，许多优秀的企业 CEO 都为我们做出了很好的榜样，比如，志高集团董事局主席李兴浩。

李兴浩曾在采访中表示：“我重视人才已经到了被别人说‘笨’的地步，我常常认为我本来就不是一个非常聪明的人，但是我很讲诚信，很讲义气，因此有很多聪明人来帮我。志高的事业因此具有了非常广泛的‘人脉基础’，这个‘人脉’是从内到外的，‘内’包括16 000多名员工，‘外’到经销商及消费者。”

创业之初，李兴浩对人才的选用就表现出了长远的眼光。当时，志高主要从事进出口贸易。为了招揽更多的人才，他宣布对于能够推荐英语好的、擅长出口业务的人才的人，不管单子成不成，其都有丰厚的奖励。能够谈成2单以上生意的员工，就可以升任部长。这个政策非常管用，志高很快就聚集了众多对外贸易人才，其出口业务也由此一路飘红。

2002年，媒体报道李兴浩给优秀管理者发了金卡，金卡支持一次性借支100万元，这有点儿类似“按需所求”的政策。李兴浩还主动拿出自己在志高中的一部分股份来奖励贡献突出的员工。他给员工讲话的机会，如果老板做得不对，那么下面的每个员工都有发言权，即使是最基层的员工也有畅通的建议渠道。营销部门数百人都会参加每年的总结大会及动员大会。志高有一个自由发言的场所和机会，每个人都可以表现自己。

在他看来，志高不留人，只留心。亲自招揽人才、尊重人才、激励人才的李兴浩，成为志高招聘时最好的宣传单。

总之，招聘人才是企业最大的事情，CEO 不亲自参与，不带头重视起来，管理者怎么会把选人、育人当作最重要的事情？俗话说："火车头不动，车厢白费劲。"选人、育人绝不是一个人力资源部就可以解决的事情，也不是空谈出来的，而是 CEO 花时间做出来的。

（2）招聘经理

招聘经理要对人才的到岗率、留存率负全责，他也是"立项会"和"复审会"的发起人，是构建人才胜任力模型的"主力军"。组织内所有角色的提炼、招聘，都是由招聘经理牵头的。这也就要求招聘经理一定要专业、要知道人才胜任力模型到底是什么，并且有一套属于自己的成熟的岗位、能力和价值观标准。

（3）用人主管

用人主管是人才胜任力模型构建的配合者，在组织角色提炼的过程中，他要根据自己部门的实际情况去判断需不需要发展新的组织角色，如果需要，他就应该在立项会前提交招人计划，明确部门需要增加多少人。同时，他要从具体的业务出发，和招聘经理一起制定新增岗位的人才胜任力模型。

需要注意的是，在提炼组织角色的过程中，"专业线"由于相对稳定，提炼也就相对简单，真正有挑战性的是"业务线"的提炼。因为一个企业最终能不能成功，起决定性作用的正是"前线战士"，即销售团队。如果这条线没有规划好，那么企业很容易就会被竞争对手蚕食。

理念：人才价值主张

企业用什么吸引人？是金钱、待遇、职位，还是使命、梦想、意义？

企业用什么吸引，就会得到什么人才。用金钱、待遇、职位吸引，得到的就是急功近利的人才；用使命、梦想、意义吸引，得到的就是以未来为导向的好的人才。

这也就意味着，企业要想找到志同道合的人，起决定性作用的正是管理者，尤其是创始人对人才的价值主张（理念）。

独特的人才价值主张，决定了企业的磁场

战国时期，秦孝公在位时，内乱频出，外患交迫，秦国由强变弱，还面临着被其他强国灭掉的危险。于是秦孝公颁发了《求贤令》，卫国商鞅看到之后投奔了秦孝公，由此在秦国推行变革，使秦国由弱变强，为秦始皇统一中国奠定了基础。这个《求贤令》就是非常成功的人才价值主张。

选择是双向的，你在筛选对方，对方也在筛选你。企业要想吸引合适的人才，就必须建立一个独特的人才价值主张。

在这一点上，马云就是我们的榜样。

在马云的创业过程中，有一个人物非常关键，那就是蔡

崇信。

蔡崇信何许人也？时任 Invest AB 集团香港区的副总裁！

当时，阿里巴巴在电子商务领域刚刚崭露头角，马云在到处寻找合适的投资人。蔡崇信注意到阿里巴巴的未来可能性，决定亲自去看个究竟。一番探访下来，蔡崇信果然不枉此行，眼前的一幕让他非常震惊：一个四居室里容纳了 20 多名员工，虽然他们的办公条件非常艰苦，但是他们每个人都很快乐。蔡崇信能从他们的眼神中读到对阿里巴巴的热爱。

这种快乐的氛围促使蔡崇信做出了一个惊人的决定——辞职并加入阿里巴巴。瞬间，他就从一个年薪几十万元的高级经理人变成月薪 500 元的阿里巴巴人。

后来，我们才明白个中缘由。

每年的 5 月 10 日被定为“阿里日”，由马云证婚，举办阿里巴巴集体婚礼；足球派、宠物派……阿里巴巴的 10 个员工俱乐部被称作“阿里十派”，现在，员工俱乐部已经发展到十六七个；墙面都被员工设计成了各种颜色的“文化墙”，女厕所名为“听雨轩”，男厕所名为“观瀑亭”，每个蹲位都是广告位，每个“帮派”都可以在这里发通告；阿里巴巴的员工可以穿着旱冰鞋来工作，可以随时和马云对话。年会上，工作满 5 年的员工奖品是一枚刻有阿里巴巴 Logo 和员工名字的白金戒指……

马云用他的方式定义了阿里巴巴——一个让员工追求梦想

的快乐社群。

10 年来，阿里巴巴多次当选“年度最佳雇主”。由此可见，一个独特的人才价值主张会决定一个企业，甚至一个国家的气场。

那么，如何才能制定一个独特的人才价值主张？根据多年的管理经验，我们发现制定合适的人才价值主张必须分三步走。

1. 给企业一个形象的描述

我们要回答好“我们是一家什么样的企业”这个问题。作为成长型企业，我们除了在定位上要鲜明，规划好我们的产品之外，还要明确我们的愿景和价值观是什么。

2. 找出我们所需的人才方向

我们要找到合适的人才，首先要清晰企业的客户定位，依此来制定人才的标准。比如，海底捞是大众化餐厅，强调的是与顾客之间融洽的关系，因此海底捞提倡家文化，钟情有亲和力、把客户当亲人的员工。

3. 发现这些人才的需求

明确人才方向之后，我们还有一个任务——找出这些人的核心需求是什么。

很多企业家都有一种想当然的误区：我们的规模不大，钱不多，所以招不到好人才。其实不然，权威调研表明：人才在选择企业时，第一关注点是成长与学习，第二关注点是发展空间，而金钱仅仅排在第五位。所以，越是关键人才，其需求越超越物质层面。

麦肯锡曾对此做过研究，认为高级人才分为4类（见图2-3-8）。

图2-3-8　4类高级人才

因此，企业在招揽人才时，只有探寻、洞悉目标人才的内在需求，衡量其与企业价值观是否吻合，才能最终找到契合度更好、意愿度更高的匹配人才。这个不断发现、积累的过程，就是提炼我们独特的人才价值主张的过程。

最好的人才价值主张是人高于一切

在论述这一观念之前，我们想给大家讲一个小故事。

有一个年轻人很爱车。他攒了很久的钱，终于买了一辆梦寐以求的新车。他格外爱惜这辆车，经常做的一个动作就是拿着抹布绕来绕去地擦车。

有一天，他开车从乡下回来后，来不及擦车就被邻居叫走了。他的儿子看到车上沾了泥土，于是，就想讨好他，从厨房找来了妈妈洗锅用的钢丝球，学着他的样子擦车。结果可想而知，车被擦坏了。

弄坏了爸爸的爱车，儿子非常害怕，正在这时，他听到了爸爸回来的脚步声，于是，他赶紧躲进了自己的房间。然而，年轻人并没有责备儿子，而是把儿子抱在了怀里温柔地对他说道：“爸爸是喜欢车，但爸爸更喜欢你，你比车重要。”

这个故事虽然很简单，但蕴含了一个最深刻的管理哲学：人高于一切。我们认为，这也是企业最好的人才价值主张。

毋庸置疑的是，人才招聘工作绝不是一劳永逸的事情。有时候，新员工从被录用到入职的时间比较长，这既是他们接近公司文化，对公司产生归属感的好时候，同时在这期间，他们还有可能得到其他的工作机会，面临一次新的抉择。这时候，我们如何保证他们最终会选择我们?

很多人认为，答案就是工资，谁给的钱多，人才就会去谁那儿。其实不然，前面强调过，人才在选择企业时，金钱往往排在靠后的位置，相较于物质，他们更看重精神关注。如果一个新人还没正式入职，就已经感受到了公司对人才的重视和关爱，感受到了公司对人才的求贤若渴和自己的到来好比锦上添花，那么，即便我们开出的条件不如其他公司，他内心的天平也会倾向我们。因为只有重视人才的公司，未来才会走得更远、更快、更好。

而“人高于一切”的价值主张，强调的正是要把人放在第一位、始终以人为重。

那么，“人高于一切”的价值主张是如何体现的？我们认为，它主要体现为以下 3 个动作。

☑ 尊重：发自内心地尊重并关爱员工，不凌驾于员工之上，不仗势欺人

☑ 赋能：培养员工，给员工希望，让员工获得发展机会

☑ 分享：坚持多劳多得、少劳少得、不劳不得的分配原则，建立合理的分配机制，赏罚分明

当然，要完成以上各个动作，企业的管理者，尤其是企业的创始人，一定要秉承“自己和员工相互成就”的价值理念，做到使命为先、责任为先。

在这一点上，行动教育的做法就很有代表性。行动教育的人才理念是“把员工当用户”。我们始终坚定地认为：只有在员工获得成功后，企业才会成功。当员工的利益与管理者的利益发生冲突时，毫无疑问地，我们会优先考虑员工利益，因为员工的利益

永远是第一位的。

秉承这一人才理念，在招聘新人时，我们会把招聘的高度上升到“招募想当企业家的员工”。当企业家必须具备两大条件：一是人脉，二是能力。把人才招聘进来后，我们也会努力为员工创造这两大条件。

首先是人脉。人脉就是资源，作为一家企业家实效商学院，行动教育是为企业家和管理者服务的，如果员工用心去服务这些客户，那么，他们未来都可能成为员工的贵人。其次是能力。行动教育的本职工作是培训，在行动教育，员工得到的最大福利就是便利的培训条件和众多的培训机会，只要员工想学、愿意学，行动教育就都可以满足。这个培训的过程也是为员工赋能的过程。

除此之外，提倡赏罚分明的行动教育还建立了公平、合理的分配机制。在行动教育，员工的付出和员工的所得永远成正比。

总之，这种人才价值主张体现出的是企业管理者，尤其是企业创始人对价值的排序。在企业内部，只有当位于这个价值排序之首的对象为人时，只有当企业管理者，尤其是企业创始人始终坚持“人高于一切、人大于一切、一切在人”的人才理念时，企业所营造的文化和环境才是适合筑巢引凤的。

模式：“三高”模式

画饼的第三个重点是模式，它也是企业筑巢引凤的关键。这里的模式又可以用三个“高”来形容：高绩效、高激励、高价值（见图 2-3-9）。

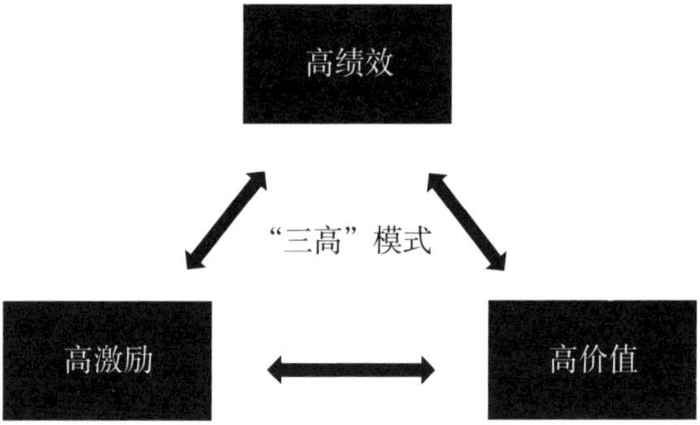

图 2-3-9 “三高”模式

高绩效

“高绩效”是指在人才的培养和成长方面，企业要追求更高的绩效。

那么，如何培养高绩效人才？或许有的管理者会认为高绩效可以通过工作时间的长短来衡量，尤其是那些崇尚艰苦奋斗文化的企业家。对此，我们并不认同。在我们看来，“高绩效”应该来源于人才的持续的自驱力。

借鉴美国作家丹尼尔·平克在《驱动力》一书中的观点，我们把做一切事情的动力归纳为 3 种（见图 2-3-10）。

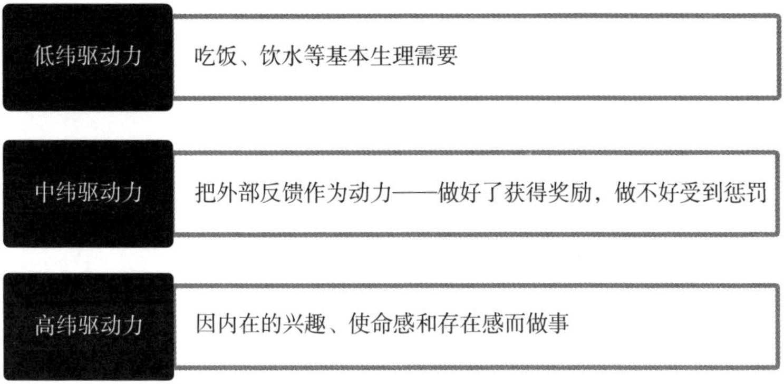

图 2-3-10　3 种不同纬度的驱动力

我们要培养高绩效员工，就需要激发其高纬驱动力。人才培养的过程就像玩“打怪升级”的游戏，企业应该不断激发出员工心底的善意和兴趣，让员工自动迸发出进取心和使命感，并不断追求成就感。在这个过程中，最关键的就是找到员工的内在驱动源。企业只有基于驱动源做激发与培养，员工才会愿意付出高价值努力。

具体来说，企业可以从以下几点入手。

☑ 关注员工的兴趣点

☑ 鼓励员工自主定义任务

☑ 引导员工专注挑战标杆

管理者要明确这样一个观念：最有前途的员工不一定是现在

最有成就的人，而是最会自我驱动的人。驱动力是与生俱来的能力。有效培养和赋能模式能真正激励和调动学员的积极性。

高激励

“三高”模式的第二“高”是“高激励”。一个好的组织不仅要重视员工、关心员工、赋能员工，还要给员工“高激励”。严格来说，“高激励”并不是企业给的，而是员工自己挣得的。

说到这里，我们不得不提到另外一个重要概念——高标准，即招人的标准要高。我们之所以要强调“高标准”，是因为人是一切的根本，是决定企业未来走向的关键因素。人才的价值观、能力等，决定了他们是否能匹配相关的岗位、适应企业的文化、创造出更高的绩效，以及愿不愿意和企业一起宣告一份伟大的事业，而这些又直接关系到企业未来的发展和走向。

这里就存在这样一个因果关系：高标准是基础，企业因为有了“高标准”，所以会有“高绩效”；企业因为有了“高绩效”，所以会有“高激励”。这很好理解。简单来说，员工的“高绩效”就意味着给企业带来了高收入、高效率，相应地，企业也就会为员工提供高薪资、高福利。

不过，要想让这个因果关系成立，企业还要制定一个科学合理、公平公正的分配机制，即坚持多劳多得、少劳少得、不劳不得的分配原则，赏罚分明，让员工用业绩说话。如果企业缺少了这个分配机制，而改为“吃大锅饭”的分配方式，那么一切都是空谈。

反过来，科学合理、公平公正的分配机制也能让“果”变为“因”：因为企业有了“高激励”，所以员工更愿意创造“高绩效”。

以行动教育为例，行动教育的员工平均收入要高于同行30%。而我们之所以给出这种“高激励”，是因为我们有健全的按劳分配机制，倡导多劳多得。在这种分配机制的作用下，员工的自驱力被充分激发出来，员工更愿意努力工作，而努力工作带来的结果就是产生“高绩效”。最终，“高绩效”又转化为了员工的“高激励”和快速成长。

这两样东西都是员工选择留在企业的关键要素。

从这个角度来说，科学合理、公平公正的分配机制加上“高绩效”的分配原则能够帮助企业更好地留住员工。

高价值

“三高”模式的最后一“高”是“高价值”，它是指高绩效、高激励基础上的高产出，即员工对用户、对团队都要产出高价值。那么，如何才能实现员工的“高价值”？

这里也涉及一个重要的良性循环：“高价值”会带来“高绩效”和“高激励”，而“高绩效”和“高激励”又能激发出“高价值”。

实现员工的“高价值”可以从以下两点入手。

1. 在招聘的过程中，企业要把握“高标准”

关于高标准的概念，我们在前文中提到过。我们回到企业经营的逻辑上来看，进入企业的每个员工都拥有一张损益表：利润 = 收入 - 成本。如果我们的招聘标准高，那么招进来的人匹配岗位、匹配企业的概率就高，相应地，他创造的价值就会高；反之，如果我们放低自己的招聘标准，放任那些原本不匹配岗位、不匹配企业的人进入企业，这就会导致招进来的人的水平较差。而这些人由于不能创造收入、创造价值，很可能就会成为企业的“负债”。

要知道，优秀员工和不合格员工之间的工作效率至少相差 10 倍。也就是说，比起一个不合格的员工，一个优秀的员工能为企业带来超过 10 倍的成果。所以，人选对了，一切就都对了，实现员工“高价值”的第一条有效路径就是秉承更“高”的选人标准。

2. 人才入职后，企业要重视赋能和培养

只有企业选对了人，人才能做好工作。企业育好了人，才会收获更多更优秀的人。这里的育人，指的就是对员工的赋能和培养，即按照优秀人才的标准去培养更多的人才。它也是企业实现员工“高价值”的第二条有效途径。

具体来说，育人最有效的路径就是加强对员工的培训。在这方面，零售业巨头沃尔玛就为我们做出了很好的示范。

沃尔玛十分重视对员工的培训，特别是重视对普通员工的培养。在沃尔玛，任何员工，不管什么身份、什么职业、什么性别、什么学历，都可以享受到无差别的培训，都拥有同样的升职机会，而沃尔玛几乎 60% 的管理者都是从基层一步步成长起来的。也正是通过这样的培训模式和人才培养理念，沃尔玛才拥有了源源不断的发展动力，并最终缔造了属于自己的商业王国。

在现实的企业管理中，我们发现，许多企业管理者都意识不到培训的重要性。在他们看来，对员工的培训就是可有可无的事情，此外，还会增加企业的管理成本。即便员工接受了培训，也不一定能真的学到东西、得到成长。

事实上，这种看法是非常片面的。作为一种能够传递知识、技能和信息的有组织的管理训诫行为，培训实际上是一个告诉员工如何高效完成本职工作、如何更好地掌握知识技能的过程。它也是一条帮助员工提升自身素质的捷径。通过培训，员工可以不断成长，而成长最终又会转化成对用户和对团队产出的高价值。

以上就是企业筑巢引凤的“三高”模式，希望能够帮助到大家。

第四星 广招

高绩效，高增长

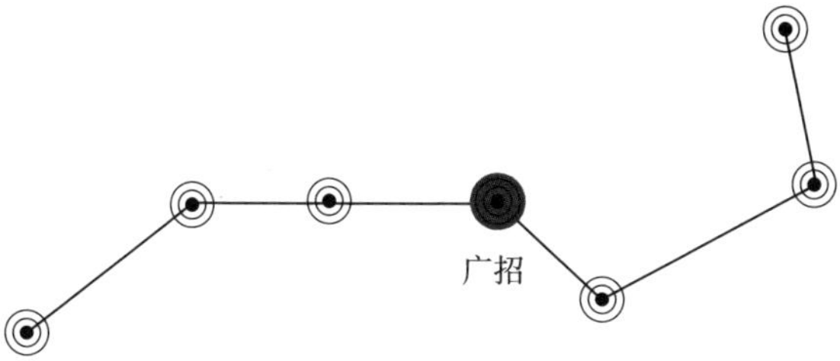

组织要发展、业务要拓展、企业要成功，靠的是高绩效、高增长。而企业的高绩效和高增长，绝不是靠某个人创造的，而是靠“千军万马”的共同努力。

那么，“千军万马”从何而来？答案很简单——从“高、广、深”三大渠道获得（见图 2-4-1）。

图 2-4-1 “千军万马”的三大渠道（第四星）

F 集团董事局主席分享过自己的招人理念：分段治事——事有

先后，物有本末；分级治人——对于不同级别的人，企业应有不同的管理方法。这两句话十分贴切，它体现出的是一位管理大师的管理智慧，更是永不过时的管理精髓。

的确，在人力资源管理中，对待不同领域、不同级别的员工，企业应该有不同的策略、不同的方法，而不能用同一个模式去框定所有人。

在招聘上，针对强调“以质取胜”的“专业线”上人才，企业应该使用“高渠道”——以世界第一的思维去整合人才，强调人才要具有一技之长；针对强调“以量取胜”的“业务线”上人才，企业应该使用“广渠道”——兵力（人多）+火力（宣传、广告和活动得力）；针对分散的分公司或子公司，企业应该使用“深渠道”——采用区域集中战略，聚焦深挖，打深打透。

高度：“专业线”一技之长

“高”渠道针对的是企业组织中的“专业线”，即“人”“才”“物”“销”中的“人”“才”“物”，它强调招聘的人才能级要高、价值要高、专业要高，即以质取胜，具有一技之长。

以质取胜：既懂专业又懂管理

通常，当“专业线”上的人才进入企业后，要么从事管理岗位，比如财务副总、人力资源副总、研发副总，要么从事专业岗位，比如招聘专员、培训专员、会计、研发人员等。而这两类岗位对专业的要求都很高，都要求相关岗位人才要具备一技之长，做到以质取胜。

1. 管理岗位

在许多人的思维中，在管理岗位上的管理者只要懂管理就好，并不需要具备一技之长。事实上，这种观念是错误的。试想一下，如果一个企业管理者不懂专业、不具备一技之长，比如，财务副总不懂财务，人力资源副总不懂招聘或培训，研发副总不懂研发，那么管理又从何谈起？

要知道，管理者的管理本身就是建立在其专业基础之上的，具有一技之长、既懂专业又懂管理是对企业管理者最基本的能力要求。而企业管理者的专业能力和一技之长又来自十年磨一剑的学习积累和举一反三的复盘思维。因此，在招聘管理人才时，我们应该格外关注他的知识结构、思维逻辑，重点考察他的学习力和反思力。

2. 专业岗位

首先，“术业有专攻”，“专家”就应该做“专家”的事情。

在前文中，我们提到了管理者应该既懂专业又懂管理。诚然，企业管理者一定要有两把“刷子”。但是，在管理企业的过程中，管理者的定位是要统领全局，而不是亲力亲为，需要事必躬亲的人应该是专业岗位人才。

从这个角度来说，具有一技之长、精通相关岗位，应该是专业岗位人才赖以生存的条件。试想一下，作为专业岗位的人才，如果不具备一技之长、没有相应的专业能力，比如，会计不懂做账、招聘专员不懂招聘、研发人员不懂研发，那么，他们的存在又有什么意义？

其次，质量决定能量。

爱因斯坦的质能方程告诉我们：$E=mc^2$。其中，E 表示能量，m 代表质量，m 直接决定着 E。这个公式在专业岗位的人才招选上同样适用。此时，E 代表着企业能量，m 代表着专业岗位的人才质量，专业岗位的人才的质量越高，为企业创造的价值就越大，企业拥有的能量就越多。

从这个角度来说，专业岗位人才的水平关系到企业的效率和核心竞争力，它强调的是“适者生存”。谁能够扎根岗位，把岗位做精、做专，谁能够用业绩说话，那么谁就是我们要挑选的人才。反之，其就只能成为我们的候选，或者被我们淘汰。

总之，“专业线”上的人才招聘一定要以“具备一技之长”为原则，强调以质取胜。

全球思维：全球人才为我所用

企业要想找到具备一技之长的高质量人才，就要具有高标准、高眼光。在招聘“专业线”上的人才时，如果我们用身边人的眼光、大众的眼光去选人，那么这肯定是行不通的。对此，我们的建议是企业一定要把眼光放开，站在“世界是我的人力资源部”的高度，用全球思维去整合人才，让全球人才为我所用。

具体来说，企业可以从以下 3 个方面入手（见图 2-4-2）。

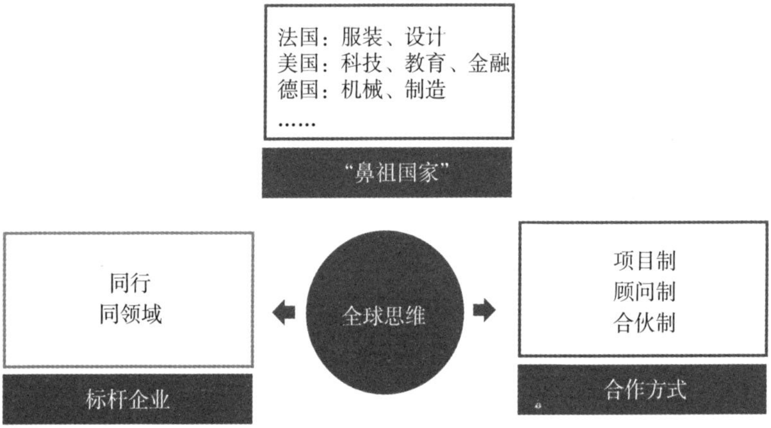

图 2-4-2 用全球思维去整合人才

1. 从“鼻祖国家”（行业排名全球第一的国家）引进专业人才

比如，服装、设计行业的行业第一在法国，如果你所处的行业是服装行业或设计行业，那么你就要去法国引进设计师等高端人才；科技、教育、金融行业的行业第一在美国，如果你所处的行业是科技行业、教育行业或金融行业，那么你就要到美国去引进相关人才；机械、制造行业的行业第一在德国，如果你所处的行业是机械行业或制造行业，那么你就要到德国去引进相关人才……

之所以强调要去“鼻祖国家”引进人才，是因为这些国家是对应的相关产业的源头、龙头，你去那里寻找人才更对标、更简单、也更直接，甚至成本也会更低。

以行动教育为例，行动教育是企业家的实效商学院，主要为企业提供全生命周期服务，包含实效管理培训、咨询辅导、年度顾问和学习工具。在培训教育行业，排在全球前列的金融课程是“金融创新”，它来自创建于1881年、始终站在商业管理科学最前沿、连续8年被评为欧洲第一商学院的巴黎高等商学院。于是，行动教育与巴黎高等商学院合作，引进了“金融创新”，并专门从巴黎聘请了从业超过26年，专门从事股权、债务资本市场、兼并和收购业务的帕特里克教授担任“金融创新”课程的讲师。

除了“金融创新”课程和帕特里克教授外，行动教育从“鼻祖国家”引进的名课和名师还有许多，比如，世界激励大师博恩·崔西、哈佛商学院著名教授罗伯特·卡普兰、国际领导力大师巴里·波斯纳等。

2. 从标杆企业选择同行、同领域的成熟人才

除了从“鼻祖国家”引进专业人才，整合人才的渠道还有选择同行、同领域的成熟人才。

什么是标杆企业？顾名思义，它就是一个行业或一个领域里的翘楚、标杆、头部企业。标杆企业所用的人才，无疑是最专业的、最成熟的，到那里去寻找专业人才也是最精准、最高效的。这是因为这些专业人才有相关工作经验，熟悉并掌握了标杆企业

的具体业务流程和业务操作技巧，那么，当这些专业人才上岗后，他们就可以把标杆企业值得借鉴的那一套成熟的经验和方法带过来，迅速帮助我们找到解决专业问题的最短路径。

比如，一家以电商为主的销售型企业需要招聘一名面试官，那么，这家企业就可以选择一位在电销行业标杆企业中担任过面试官的人才。当人才上岗后，他就能迅速确定这家企业需要选择什么样的人、到哪里去选，以及用什么方法去选。

3. 合作方式 = 项目制 + 顾问制 + 合伙制

前面我们介绍了获得“专业线”上人才的两大渠道。看到这里，许多人或许会产生这样的疑问：这些来自“鼻祖国家”或标杆企业的专业人才，凭什么来我们这儿？毕竟我们尚处于起步阶段，“庙”很小。

这个问题的答案涉及接下来我们要强调的话题——合作方式。我们在前面强调过，企业在选择“专业线”上的人才时，要拥有全球思维，要抱着“全球人才为我所用”的态度。至于“全球人才”如何被合理运用，这考察的就是我们的人才整合能力，即合作能力。

根据我们的实战经验，在引进高端、成熟、高纬的专业人才时，最佳的合作方式主要有项目制、顾问制、合伙制。

☑ 项目制：以项目合作的方式，直接与标杆企业合作，或者与来自“鼻祖国家”或标杆企业的专业人才合作。

☑顾问制：邀请来自“鼻祖国家”或标杆企业的专业人才担任顾问。

☑合伙制：邀请来自“鼻祖国家”或标杆企业的专业人才成为合伙人。合伙制也是三种合作方式中最高纬、最复杂、最可持续的一种。

比如，行动教育引进了来自巴黎高等商学院、全球知名金融课程“金融创新”，而行动教育与巴黎高等商学院之间采用的合作方式就是项目制。行动教育和巴黎高等商学院直接签约，行动教育把课程引进过来，由巴黎高等商学院派遣王牌老师进行授课，同时，合作双方——行动教育和巴黎高等商学院共同根据国内的实际情况，对课程进行具体改造。

通过这种合作方式，行动教育就以最小的成本、最高效的方式解决了专业人才问题，提高了自身的综合实力。

许多高瞻远瞩的企业和企业家都习惯于用全球思维去引进、整合人才，马云就是最具代表性的企业家之一。如果我们认真研究了马云的人才战略，就会发现当年和马云共同创业的、著名的阿里巴巴“十八罗汉”，几乎都在冲锋陷阵的前线——“业务线”上，而阿里巴巴“专业线”上的人才，都是从高渠道引进的。

广度："业务线"兵力 + 火力

如果说"高"渠道针对的是企业组织中的"专业线"，那么"广"渠道针对的就是"业务线"，即"人""才""物""销"中的"销"。

在探讨"业务线"上人才的来源之前，大家不妨思考一下：营销推广主要靠的是什么？答案无外乎有两点：一是人多，二是宣传、广告和活动得力。这也就意味着，不同于"专业线"上的人才要以质取胜，"业务线"上的人才应该以量取胜，强调兵力（人多）+ 火力（宣传、广告和活动得力）。

这是因为，营销推广强调的是用业绩说话、实现增长。过去，企业要想实现业绩的增长，更多的是靠抢市场、抢资源。如今，随着时代的发展和市场的逐渐饱和，影响业绩增长的关键因素也从"市场"变成了"人才"。这种靠人才取胜的增长方式，也被称为"饱和式进攻"——如果我们抢到了一块"蛋糕"，竞争对手就没有了；反之，如果竞争对手抢到了，我们就没有了。而要想得到更多的"蛋糕"，参与"抢蛋糕"的人就要多、能力就要强。这就好比陆军打仗，人越多，战斗力就越强，打胜仗的概率也就越大。

那么，如何找到拥有强大战斗力的业务人才？靠某一个人或者某一个部门的力量显然不够，企业应该整合内外资源、借助集体力量，要"广开渠，多屯粮"。不过"广开渠"并不意味着"业务线”上的人才招聘可以随意进行，它同样应该做到有规划、有流程、成体系。具体来说，“业务线”上的人才招聘可以从以下几方面入手（见图 2-4-3）。

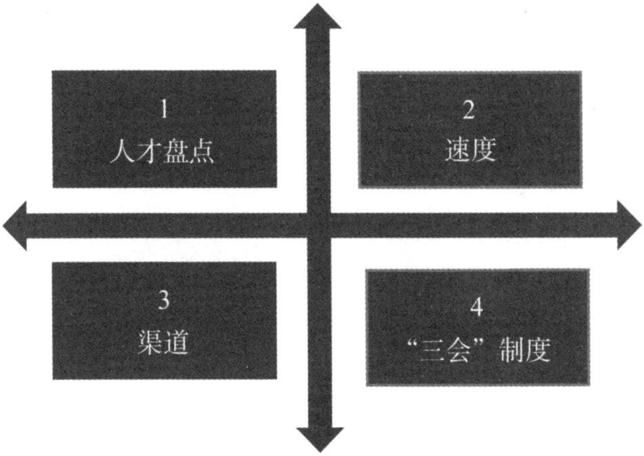

图 2-4-3 “业务线”要“千军万马”

人才盘点

在正式招聘前，企业首先要进行人才盘点，确定招聘规模。

提到“人才盘点”四个字，作为企业管理者的我们也许并不觉得陌生，毕竟这个概念在国内已经流行了很久。不过，让人感到遗憾的是，直到今天，仍有许多管理者对这个概念似懂非懂，没有在企业落地实施。

其实，从本质上来说，人才盘点并不是一项“结果工作”，而是一项“过程工作”。它是人力资源规划中的人头预测和分析，是对企业人才现状的摸底和梳理。它能够实现公司人才相关信息的具体化、明晰化，其本身并不会产生价值。

以超市老板为例，他每隔一段时间就要对超市的商品做一次盘点，核对近段时间内进货多少、卖货多少，哪种货物盈利最高、哪种货物销量最好，以及未来要实现收益最大化，应该调整哪些货品的进货数量等。

人才盘点也是一样的道理。它显得更复杂、更重要，不仅要盘点人才的数量，以及人才的业务水平、知识水平、工作态度等人才自身条件与工作成果之间的关系，更要盘点组织结构与人才匹配情况、关键岗位的胜任和继任情况、关键岗位人才的晋升和发展情况、关键岗位人才的激励和开发情况、关键岗位人才的招聘情况等。它是组织当前的人才情况、组织能力和组织战略实现之间的一条无形的纽带。

通过人才盘点，企业可以制订出具体的组织层面的行动计划，保障“业务线”得到需要的人才，落实自身整体业务战略，实现可持续增长。

那么，企业“业务线”上的人才盘点究竟该如何做？用两个“关键”来形容就是盘点关键岗位、关键人。企业应从人才的绩效表现和综合能级的双维度去考察，并按低、中、高等级综合分析出人才的阶段性分类，如图 2-4-4 所示。

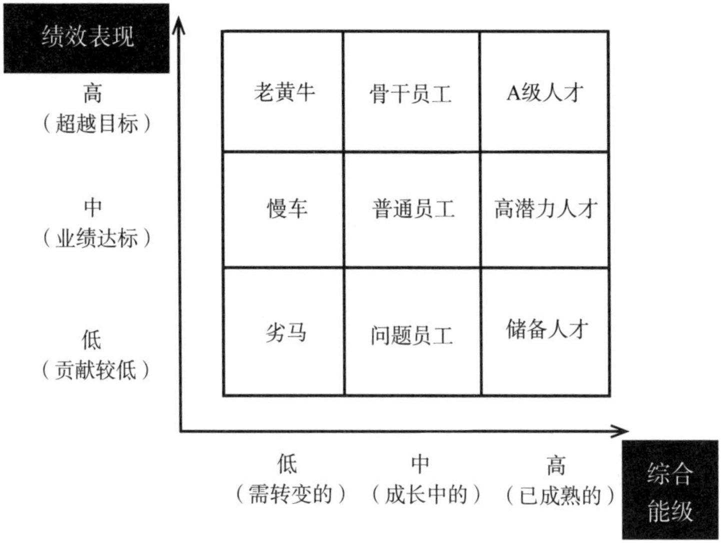

图 2-4-4 九宫格阶段性人才盘点法

通过人才盘点，我们可以将“业务线”上的人才分为以下几类。

☑ A 级人才：首选培养对象，高绩效创造者、团队领导待培养者、团队高绩效教练

☑ 高潜力人才和骨干员工：次选培养对象，高绩效者接班人，成长及培养速度较快

☑ 老黄牛、普通员工、储备人才：基础培养对象，来自人才的基础入口；价值观吻合，人多，广招、慎选、严进

☑ 慢车、劣马、问题员工：淘汰或需要改变的员工

通常，企业“业务线”上的人才构成如图 2-4-5 所示。

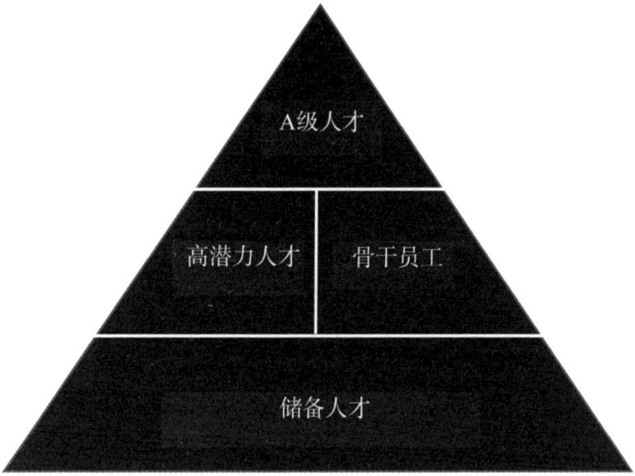

图 2-4-5 企业“业务线”上的人才构成

那么，如何确定储备人才（企业需要新招聘的员工）的数量？这就涉及以下两个重要公式：

业绩 = 人数 × 人均效能

增加人员 = 增加业绩 ÷ 人均效能

人才盘点的最终目的是制订招聘计划，确定招聘人数。我们从上面的公式中不难看出，企业目前需要增加的人员数量，正是由增加的业绩决定的。所以，在进行人才盘点的过程中，企业要抓住两个关键指标——人数和人均效能，即弄清楚“业务线”上共有多少人，每个人能产生多大的效能，以及下一阶段需要增加多少业绩……在明确了这些指标后，企业就可以通过计算得出需要招聘的“业务线”人员数量了。

为了让大家更好地理解，我们不妨通过一个案例来进行具体说明。

假设企业 2019 年的业绩是 3 亿元，“业务线”上共有 300 名员工，那么，员工的人均效能就是一年创造 100 万元的销售业绩。2020 年，企业的战略目标是要再增加 5 000 万元的销售业绩，那么，为了实现这一目标，企业就需要新招 50 名员工。

需要注意的是，考虑到人才的流动性，当我们通过人才盘点大致确定了需要新招的“业务线”上的人员数量后，还应多预留 20% 的空间。比如，在上面的案例中，通过计算，我们得知企业需要新招 50 名员工，那么，在这个基础上，我们就可以把招聘人数最终确定为 60。

这些新员工既要被配给新增加的销售区域，又要被配给有需要的老区域，以扩充老区域的“兵力”。在具体的人数指标分配上，企业应该进行层层分解。

首先，营销总经理统领整个营销部门，他要为全部的招聘指标负责，并将指标合理分解到各分公司 / 各分部。

以前文中列举的案例为例，假设为了达成下一阶段增加 5 000

万元销售业绩的战略目标，业务部门需要招聘 60 名员工（人均效能为 100 万元），那么，营销总经理就需要对这 60 名员工的销售指标负责，并根据企业下设的各分公司 / 各分部的实际在岗人数和业绩完成情况，对业绩和人员招聘指标进行分解。

需要注意的是，在分配指标的过程中，营销总经理除了要关注“人”，还要关注“人均效能”。换言之，营销总经理既要把目光放在人员的招聘上，又要把精力放在人均效能的提升上。因为业绩 = 人数 × 人均效能，企业要想完成战略目标，就应该双管齐下，既抓人数，又抓人均效能。

招聘指标分配到各分公司 / 各分部后，各分公司 / 各分部的营销总监就要对各自领取到的分配指标负责。

比如，业务总经理根据企业业务部门的实际情况，对 60 名员工的招聘指标进行了如下分解：分公司甲（15 名员工）；分公司乙（20 名员工）；分公司丙（20 名员工）；分公司丁（5 名员工）。那么，分公司甲、乙、丙、丁就需要分别对自己的招聘指标任务——15 名员工、20 名员工、20 名员工、5 名员工负责。同样地，在关注招聘人数的同时，他们也需要关注业务人员的人均效能。

指标到人

企业通过人才盘点，让“业务线”上人才的招聘数量明确了。接下来，我们还要将确定好的招聘指标层层分解、责任到人。

具体来说，招聘指标应该进行以下几个层次的分解。

1. 员工 1∶1“老带新”

指标分解的第一个层次是员工 1∶1“老带新”，即提倡“人人身上有指标”，每位在职的业务部门老员工都要充当猎头，依靠自己的人际关系挖掘适合本公司的人才、招聘至少一名新员工。并且，这一任务指标是被考核的，与工资或绩效挂钩的。老员工推荐的新人只有通过了企业的考核并入职后，老员工的指标任务才算真正完成。

2. 管理者身上挂指标

除了员工 1∶1“老带新”外，管理者身上也要挂指标。管理者的级别不同，其指标的数量也不相同。如果管理者连一般的招聘指标都没有完成，那么就不能享受相应的管理岗位待遇；如果管理者完成了一半以上的指标，那么只能享受“代”管理的待遇，而不能转“正”；只有完成了全部指标，管理者才能享受管理岗位的待遇。

3. 设置“伯乐奖”

为了鼓励员工积极进行内部推荐，企业还应该设置“伯乐奖”，即奖励为公司推荐了杰出人才的员工。

比如，在行动教育，我们提倡的便是“全员招聘”，为了鼓励员工积极推荐合适的人才，我们专门设置了内部推荐的伯乐奖励机制——推荐一个普通员工且被公司录用，可获得 1 000 元奖励；推荐一个总监级别的员工且被公司录用，可获得 3 000 元奖励；推荐一个总经理级别的员工且被公司录用，可获得 5 000 元奖励。

“三会”制度

人才盘点、指标到人都是“业务线”上人才招聘的操作策略和方法，而为了让这些策略和方法更好地落地实施，在人才的招聘过程中，企业还应该制定“三会”制度。这里的“三会”是指绩效会、人才盘点会和电网会（见图 2-4-6）。

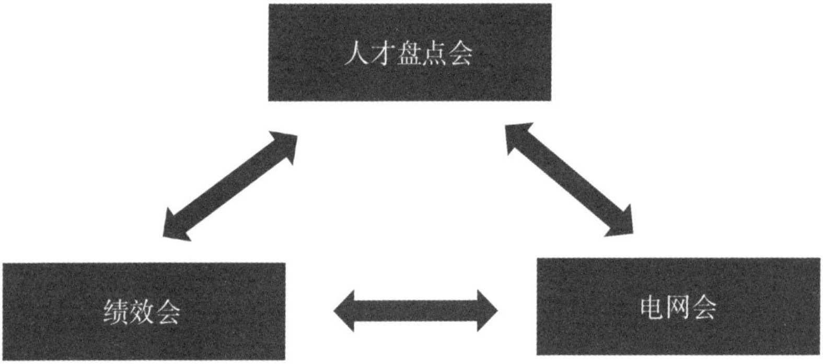

图 2-4-6 “三会”制度

1. 绩效会

绩效会也被称为“财务分析会”，它的召开频率应该保持在每周一次。绩效会的主要任务是对企业当月的三大财务报表——利润表、资产负债表、现金流量表进行分析。之所以这样做，是因为透过财务报表这套“雷达系统”，我们可以更及时、更准确地掌握公司的业绩状况，从而更有针对性地根据业绩状况调整人员招聘指标。

2. 人才盘点会

人才盘点会的召开频率也应该保持在每周一次，盘点的内容主要包括人才的流失情况、人均效能情况等。人才盘点结束后，根据实际的盘点情况，企业就可以有的放矢地招聘了。这部分内容在前文中已经进行了详细的阐述，这里就不再赘述。

一般来说，绩效会和人才盘点会可以同时进行。

3. 电网会

电网会，顾名思义，就是电话或网络会议，它的召开频率一般是每月一次，召开时间最好为月底。电网会的主要目的是追踪管理者的招聘指标是否完成，以及新入职员工在各分公司、各分部、各岗位上的工作情况，以便及时掌握新入职员工的工作进展以及对公司、对业务的适应情况。

以上三大会议一般都是由人力资源部牵头进行的。企业高管也应该参加会议。“三会”制度让企业的业绩状况、企业的招聘指标和新员工入职后的表现一目了然了。由此，“业务线”上的人才招聘工作就形成了一个完美的闭环。

深度：区域化“集中战略”

前文介绍了企业“专业线”上人才和“业务线”上人才的招

聘渠道。这时候，关于“广招”，我们还有一个问题要解决：通常情况下，企业的总部设在一个地方，分公司、子公司或企业分部分散在不同的区域，那么这些分公司、子公司或企业分部的招聘又该如何进行？

答案是采取区域化“集中战略”。

这样说，大家或许会感觉很抽象。我们不妨通过一个简单的例子来说明。假设 W 公司是一家集团公司，它旗下设有多个分公司，并且每个分公司都与总公司一样，设有自己的“人、财、物、销”。那么，在招选“将才”的过程中，如果分公司各自为政，公司就很容易出现“诸侯割据”的局面，这不仅不利于管理，而且让公司的效能低下。反之，如果总公司统一指挥、统一调度，问题就迎刃而解了。

这里的统一指挥、统一调度就是一种集中。具体来说，它又包含以下几方面的内容，如图 2-4-7 所示。

图 2-4-7　区域化“集中战略”

集中资源

第一个“集中”指的是“集中资源”，即公司人力资源的共享。它主要包含以下几方面的资源共享。

☑ 劳动合同共享：因为劳动合同涉及很多法律条款，为了统一管理、规避风险，劳动合同应由总公司统一制定、统一签发，子公司不应拥有相应权限

☑ 招聘渠道共享：公司的招聘渠道也应该由总公司统一保管、统一归口

☑ 招聘标准共享：公司的招聘标准、各岗位的人才胜任力模型等，应该由总公司统一制定

☑ 人事管理共享：员工进入企业后，其人事管理工作也应该归口到总公司

总之，在整个招聘过程中，分公司、子公司只有根据分配下来的招聘指标开展人员招聘工作的权利，而不具有任何决策权，决策权始终掌握在总公司手里。当分公司、子公司通过总公司统一配置的面试官从共享的招聘渠道中招到了合适的人才后，应第一时间报备给总公司，总公司审核通过后，才会把统一管理的劳动合同发放给分公司、子公司。

“集中资源”的好处在于，能够让总公司的管理越来越趋于扁平化，让分公司、子公司的各项业绩，比如，销售业绩、服务业绩、研发业绩、生产业绩等，全部被集中起来，从而让公司管理更高效。

集中广告

第二个“集中”指的是“集中广告”，即公司品牌形象通过各种媒体渠道传播，饱和式进攻，地毯式轰炸。

集中广告看似是一个非常简单的动作，实际并非如此。一般来说，一个有吸引力的招聘广告要具备两个因素，一是要抓人心、抓眼球，二是要周密策划、掌握节奏。这也就决定了发布招聘广告的时间至关重要。

那么，如何确定招聘广告的发布时间？我们不妨通过一个案例来具体了解一下。

假设T公司决定在春节后立马启动春招计划，那么T公司的招聘节奏应该如图2-4-8所示。

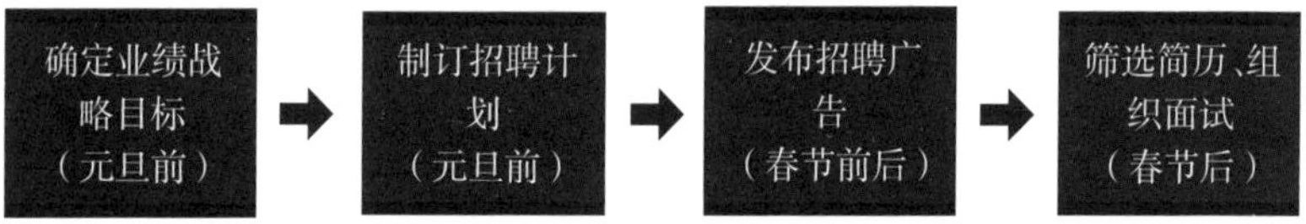

图 2-4-8　招聘流程示范

我们在前面说过，招聘计划是根据业绩战略目标确定的，那么，T公司要想在年后立马进行大规模招聘，从原则上来说，其人才招聘计划最好在元旦前完成。这也就意味着，T公司的年终人才盘点和第二年招聘指标的分配到人都应该在元旦前完成。那么，从招聘计划制订到年底正式启动招聘计划的这段时间，就是T公司集中发布招聘信息、进行招聘广告渗透的最佳时机。

通过上面的案例，相信大家对于集中广告的发布时间有了具体的了解。当然，除了发布时间的选择外，招聘广告的渗透力度和渗透时间长短也很重要。由于企业的需求不尽相同，大家可以自行设定具体的广告渗透力度和渗透时间。

此外，在集中发布招聘广告的过程中，企业还要注意广告载体的选择。除了在报刊、户外、广播、电视这样的传统媒体上发布广告外，企业还需要利用新媒体进行广告宣传。总之，企业一定要做到全覆盖，要明白招聘信息的作用不仅仅是服务招聘工作，更是进行品牌、形象宣传的绝好机会。

集中教育

集中教育是指对面试官进行统一培训。培训的内容除了一些面试的技巧、面试的话术外，也应该包含具体的面试环节及每一个面试环节具体时间的安排。企业之所以要进行集中教育，主要有两方面的原因。

1. 面试官是企业的第一品牌

面试官是企业的“门面”，代表企业的形象。选择是双向的，企业在选择人才，人才也在选择企业。而在没有直接接触企业文化之前，人才凭什么选择企业？根据我们的经验，人才往往是通过对接触点——面试官的第一印象来判断企业的。

所以说，面试官是企业的第一品牌。对面试官进行培训，让他们在面试人才时始终保持得体的形象、优雅的谈吐和友善的态度，实际就是在为企业做宣传。

2. 让招聘工作更高效

在整个招聘的过程中，每个面试官的分工不同，时间分配和面试安排也不同。在正式面试前，对面试官的培训能够让整个招聘的流程更清晰、衔接更流畅、节奏更紧凑。

集中面试

招聘广告发布后，按照惯例，企业很快就会收到简历。接下来，企业需要对简历进行筛选，确定参加面试的人员名单，并选择一个合适的时间进行集中面试。

我们通过观察发现，在面试方面，许多企业都容易犯两大错误。一是安排不同的人在不同的时间段到公司面试。二是为同一个人安排多轮面试，且不同的面试官在面试时，总是会问重复的问题。

你为什么辞职？你为什么选择来我们这儿？

我们认为，这样的人才筛选方式是非常低效能的，不仅浪费了应聘者的时间，也浪费了企业的时间。更科学的方式应该是把所有需要参加面试的人员集中起来，让其在同一天进行面试（如果面试人员较多，那么面试可分 2~3 天进行）。

并且，在面试的这一天里，所有参与面试的领导原则上都要集中到场，不能缺席（特殊情况除外）。针对每个应聘者，企业可以按照招聘经理→用人主管→人力资源总监→总经理的顺序组织面试，尽量让应聘者在短暂的时间内完成所有的面试流程。此外，在面试的过程中，不同环节的面试官提出的问题也要有不同的侧重点。比如，招聘经理可以问价值观、优势 / 特长 / 天赋、基本情况，用人主管问专业，人力资源总监问未来发展、家庭分工情况……这样可以避免同一个问题的重复提问，既不浪费时间，又显得专业。

当然，企业要想完美地做到这一点，上面提到的在正式开始面试前，对所有的面试官进行集中教育就显得至关重要。

集中培训

企业通过集中筛选，从众多的面试者中优中选优、挑选出了最适合的人才后，接下来还要对挑选出来的人才进行集中培训。需要注意的是，集中培训并不意味着招聘流程的结束，它是整个招聘流程中最后的、最关键的一环。从面试中脱颖而出的人才只有通过了集中培训后，才能真正获得入职资格，与企业签订劳动合同，成为企业“千军万马”中的重要一员。

尽管没有签订劳动合同，但是在集中培训的过程中，人才也是享有一定权益的。首先，人才在培训期的劳动是“有偿劳动”，企业要付工资；其次，培训期是一个双向选择的时期，人才可以随时选择离开。至于培训时间，企业可以根据实际需要来确定，比如，一个星期、半个月，甚至更长。

说到这里，可能许多人又会有这样的疑问：“是否有必要设置集中培训？”根据多年的人力资源管理经验，我们可以很肯定地回答大家：“有必要，而且很有必要。”

集中培训的这段时间也是人才充分了解企业、与企业进行磨合的最佳时期。在这段时间里，人才如果不适应企业文化、不认同企业价值观，或者有其他安排、发生了一些生活变故，就可以随时离开。并且，人才在这一时期内离开对企业而言绝对是有利的。

这是因为最大的招聘错误就是招进了不合适的人，并且让不合适的人长时间地占据了宝贵的岗位。人力资源管理永远遵循这样的原则：选对了人，一切就对了；人不适合企业，人就失去了动力，企业的发展也就失去了动力。换言之，比起人才的流失，更严重、更可怕的是选错了人和用错了人。

而设置集中培训的目的正是要给人才一个离开的时间和空间，帮助企业在正式接纳新员工前过滤掉不合适的人才，从而给招聘上一道保险锁，确保招进来的人都是符合要求、认同企业、有阅历、有能力的“对”的人。

以上便是打造人力资源共享中心的相关内容。以行动教育为例，行动教育的人力资源都是共享的，我们的培训讲师全部由总公司集中管理。比如，讲师的聘用、讲师教学任务的确定、讲师教学质量的评估等，都由总公司统一规划，行动教育所有讲师的课程教材都是行动教育的专利。各分公司的任务就是搭班子、建团队、做业绩。

而在员工的招聘方面，行动教育也严格遵循“集中”原则。具体来说，行动教育的招聘每年会分春、秋两季进行，因此，我们的招聘行动也被称为“春秋战略”。在两次招聘前，行动教育都会进行招聘总动员。首先，作为集团 CEO，李践老师决定招聘预算，相关人员负责广告宣传和效果。广告一出，公司里的招聘经理、用人主管、人力资源副总经理会集中参加招聘前的动员大会。会上，李践老师会向大家说明本次招聘的重点、每个岗位的预招人数，并进行相关任务的分配。

如果我们的招聘是从 5 月 1 日开始，那么相关任务的时间分配如下。

第一步：集中发布招聘广告——我们的招聘广告从 5 月 1 日开始发布，并在之后的 10 天内密集发布。

第二步：集中筛选简历——5 月 15—20 日，人力资源陆续收集应聘资料。

第三步：集中进行教育——对于用人主管，包括人力资源部参与选拔的招聘专员，我们都要进行统一培训，让相关人员分工明确，各司其职。他们会明白“哪一段时间需要参与面试”“哪一段时间会进行统一复试”“哪一段时间会进行测试”“哪些面试必须参与”。

第四步：集中进行笔试和初试——5月20日之后，第一轮筛选结束，应聘者陆续来公司参加笔试。

第五步：集中进行复试——5月20—30日，用人主管和人力资源相关人员必须在公司等候应聘者，不能出差。

第六步：集中进行最后一轮面试——经过前面几轮面试之后，李践老师亲自参加最后一轮面试。在此过程中，用人主管不得缺席，否则一是导致招选工作无法进行，二是影响公司形象。

第七步：统一进行培训。

通过这七步，人才的招聘工作基本就完成了。每年，行动教育的“春秋战略”（春季和秋季的两轮集中招聘）都会解决90%的人才增长问题。

总之，“广招”三大渠道中的“深渠道”强调的就是集中、共享，它也是保障服务于企业的“千军万马”有序进入、高效成长的关键。

到这里，本章的内容就结束了。最后，我们想强调的是，在招聘“千军万马”的过程中，企业应该努力把我们以上提到的“高、广、深”三大渠道运用到极致，做到聚焦、用心和坚持，加大在招聘方面的投入力度，实现全员营销。当然，在这个过程中，起到最主要作用的还是招人的“黄金铁三角”——CEO、用人主管、招聘经理（见图 2-4-9）。

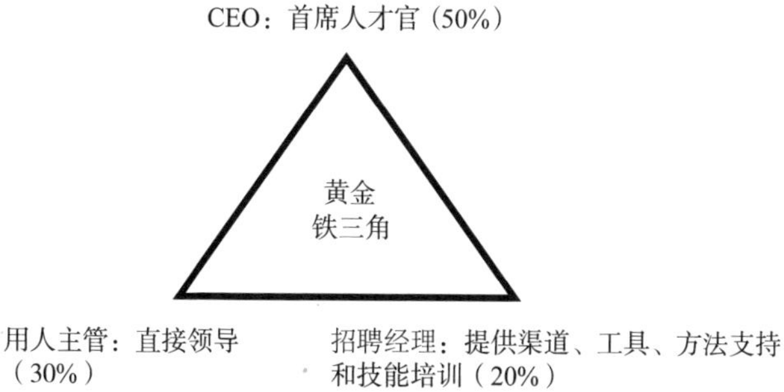

图 2-4-9 招人的“黄金铁三角”

第五星 慎选

选错人是最大的失误

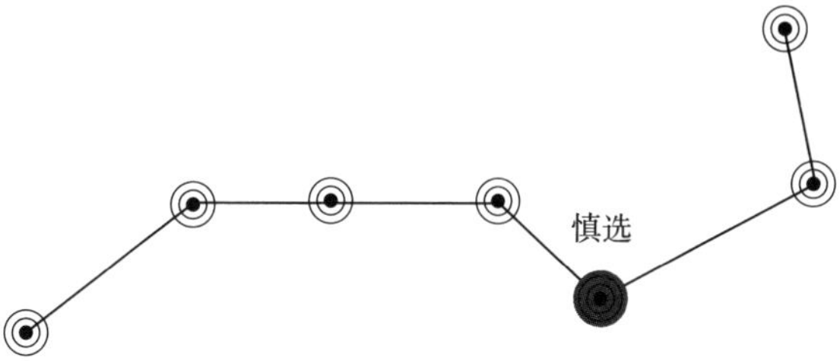

在《红楼梦》第九十一回中，贾宝玉以“任凭弱水三千，我只取一瓢饮”表达对林黛玉的喜爱。这句话的意思是，在一生中我们可能会遇到很多美好的东西，但只要用心好好把握住其中的一样就足够了。

其实，这句话也同样适用于企业的招选“将才”：在招聘的过程中，我们会收到许多简历，与许多应聘者打交道；作为管理者，最重要的任务就是要从海量的人才中选出最适合企业的“对”的人。只要我们“慧眼识珠”地选出了“对”的人，企业的未来就有了保障。反之，如果我们降低标准，给不适合企业的“错”的人发放了“通行证”，这就等于给我们自己埋下了一颗“定时”炸弹。

那么，企业如何才能选对人，避免“错”的人混入？答案可以概括成两个字：慎选。

企业选人失误的核心原因正是企业在招聘方面投入不够，总是急功近利，但选人没有捷径，企业只能慢下来，静下来，按照流程，精挑细选。顶级企业一般都有一套严密的选人方法，这套方法又可以被称为“人才筛选漏斗模型”（见图 2-5-1）。

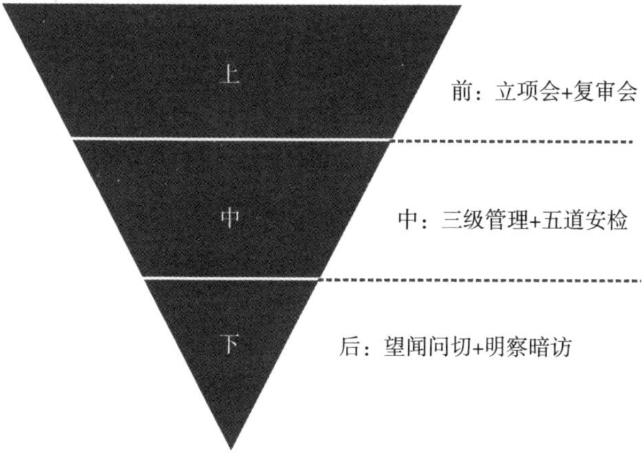

图 2-5-1 慎选的方法：人才筛选漏斗模型（第五星）

有人说：“企业管理的一切错误，都是从招聘开始的。”的确，人是根，是本质性的问题，选人的问题不解决，企业的规模就不可能扩大。而选人就是选种子，企业需要抱着慎重的态度，投入时间仔细筛选，除此之外，别无他法。

在招选“将才”的过程中，作为管理者，如果你想偷懒，不愿意花 4 个小时去选人，那么未来你就要花 400 个小时甚至更多时间去收拾因选人失误而产生的烂摊子。

宁愿错失也不错招

一个与企业价值观契合、能力突出的A级人才，可以成为企业向前发展的重要推动力；反之，一个不适合的错误的人，则可能成为企业前行路上的“绊脚石”。这个浅显易懂的道理告诉我们：在选人的问题上，管理者必须慎重，宁愿错失也不错招。

错招有很强的杀伤力和破坏力

不可否认的是，人是分三六九等的，这里的“三六九等”主要是指人才胜任力模型中的“德、才、岗”三要素，即人才的价值观、特长/优势/天赋、绩效。在选人的问题上，管理者需要慎重，需要选择各方面最契合的“三等”员工，而不能降低标准、放松把关，让在某一方面表现不佳的“六等”员工，甚至是完全不达标的“九等”员工混进公司。

这是因为，错招有很强的杀伤力和破坏力，它就好比埋在企业中的一颗不知道什么时候会爆炸的“定时炸弹”，并且这颗“定时炸弹”带来的负面效应还是长尾的、持久的。

在这一点上，许多企业都成了我们的“前车之鉴”，比如我们下面提到的G企业。

1993年，研究生毕业的李某正式加入了G企业，成为一名工程师。这一年，为了摆脱外企的压制，G企业创始人押上所有身家豪赌大型交换机的研发。最终，在李某的帮助下，G企业成功研发出了2 000门网用大型交换机设备C & C08机。凭借这一成绩，李某被提拔为G企业中央研究部副总经理。3年后，年仅27岁的他又坐上了G企业副总裁的宝座，成为G企业史上最年轻的副总裁。

我们从李某的“升迁”轨迹中不难看出，G企业是非常欣赏李某的才华并有意栽培他的，外界还盛传被G企业创始人当成干儿子的李某就是G企业未来的掌门人。2000年，不甘永远给别人打工的李某不顾G企业创始人的再三劝说，选择了辞职。在他离开时，惜才的G企业创始人还专门为他举行了盛大的欢送仪式。退出G企业后，李某成立了自己的企业，他将手中的G企业股权以及分红兑换成了价值1 000多万元的G企业设备，专门代理G企业产品。

当时，G企业创始人与李某达成了“君子协议”，只代理G企业产品，不独立生产设备。遗憾的是，一生见过无数大风大浪的G企业创始人却在李某这里“栽了大跟头”。技术出身的李某在资本的蛊惑下，很快就忘记了和一手栽培、提拔自己的老东家之间的约定，开始自主研发路由器和交换机，他还从G企业挖走了一大批技术精英。

很快，李某的企业就成了G企业最强劲的竞争对手：成立第一年，李某的企业的营收突破了2亿元；成立第二年，李某的企业的营收增至5亿元；2003年，成立不满三年的李某的企业已经准备在美国上市了……曾经的“钦点太子”，最终成为正面交锋的“敌人”，而对方凭借的还是从自己这里积累的经验和挖走的“墙角”，这让G企业创始人大为恼火，为了狙击李某的企业的进一步壮大，G企业创始人在招标会上高调宣布：哪里有李某的企业，哪里就有G企业。比如，李某的企业报价100万元，G企业就报价80万元，报价比成本90万元还低10万元。

最终，G企业使用这种“杀敌一千，自损两千”的方式彻底击败了李某的企业，但是在这个过程中，G企业也受到了重创，浪费了大量人力、物力、财力。

我们从李某的案例中不难看出，在管理企业的过程中，管理者最大的失误就是选错人、用错人。这个结论适用于所有企业管理者。比如，如果集团总经理用错了副总经理，那么这就是最大的失误；如果子公司总经理用错了总监，那么这也是最大的失误；如果子公司的总监用错了员工，那么这依然是最大的失误。

总之，企业就好比一辆高速运转的动车，每个员工都是构成动车的一个零部件，只有当所有的“零部件”都匹配，且跟得上“动车”的速度时，“动车”才能一马平川地前行。反之，不匹配的“零部件”只会降低“动车”的效能，甚至危及“动车”的安全。

选人就是选原材料，就是选种子

那么，如何避免选错人？这里就涉及选人的经典理论：种子理论。

我们在种子很小的时候把它埋在土里，我们不清楚它未来的样子。只要它是一颗能长成参天大树的种子，当它长大后，就一定会成为参天大树。反之，如果它是一棵草的种子，不管我们怎么浇灌、怎么呵护、怎么培养，那么最终它还是一棵草，这永远都改变不了。

我们发现，在好种子生长的过程中，我们并没有把种子变成参天大树，而是它基于我们的选择自己变大的。按照这样的逻辑，为了得到参天大树而不是小草，我们就要将时间花在选种子上。选对了种子，一切就都对了；反之，选错了种子，想要的果就不会出现。

我们不难看出，“种子理论”是在强调基因，企业不能改变基因，但可以根据自己的需要去选择基因。按照“种子理论”的逻辑，优秀员工并不是管理者把他变优秀的，而是他本身就具有优秀的基因，管理者只是通过自己的慧眼，在茫茫人海中识别出了他，并最终选择了他。换言之，选人就是选种子，就是选原材料。管理者为了帮助企业获得德才兼备的 A 级人才，就要花时间去识别人才、选择人才。德鲁克认为，选人是所有管理活动中最重要的环节之一；因为我们几乎无法改变一个人，只能选对人。

具体来说，在对“好种子”进行精挑细选时，我们可以按照以下 4 个步骤来进行（见图 2-5-2）。

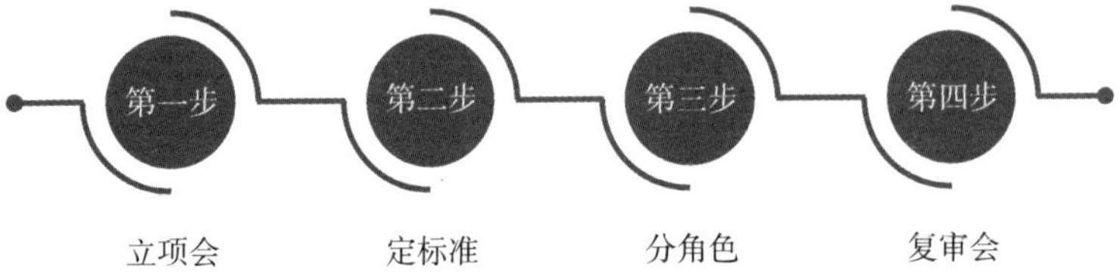

图 2-5-2　选人的 4 个步骤

☑ 立项会：创始人把用人主管和面试官召集在一起，预先立项，统一培训、统一分工，提前确定每个人分别负责什么岗位

☑ 定标准：选人的标准就是企业的人才画像，比如，年龄、学历、资历、能力，甚至性格和爱好等

☑ 分角色：分角色其实就是在面试中的分工。简单来说，德（价值观）是由招聘经理着重来把关的，才（必备能力）是由 CEO 着重来把关的，岗（高绩效）是由用人主管着重来把关的

☑ 复审会：虽然招人不易，但用人成本更高。如果我们招来一个不合适的人，他可能不出业绩，甚至德行欠妥，那么我们每月支付给他的薪酬，以及在他身上的资源投入就是我们付出的高额代价。所以面试官一定要和高管碰头，再次复审确认

当然，具体的选人过程还涉及许多方法，在接下来的章节中，我们将以“人才筛选漏斗模型”为参考，为大家介绍详细内容。

总之，“种瓜得瓜，种豆得豆”，基因决定一切。对于人才问题，企业有自己的基因，人才也有自己的基因，只有当双方的基因相匹配时，选择才能双赢。“种子理论”告诉我们的是企业应该如何选人，而选人最终还是要回归原点——德才兼备。只有德才兼备的“种子”才具备强大的基因，才是优秀的“种子”。而要想选到德才兼备的“好种子”，管理者就必须花时间、花精力。

慎选的标准：“两会”制度

“人才筛选漏斗模型”的最上面一层是标准，即人才胜任力模型。那么，人才胜任力模型是如何制定的？如何衡量应聘者是否符合企业要求的“德、才、岗”？

其实我们在本书的组织角色提炼的章节中已经揭晓了答案：人才胜任力模型的“德、才、岗”三要素是通过“立项会”讨论确定的；人才面试结束后，关于人才是否符合企业的人才胜任力模型要求、能否被录用则是通过“复审会”审核确定的。

在本节，我们就将为大家详细介绍“立项会”和“复审会”的相关内容。

“立项会”：定编制、定标准、定考核

顾名思义，“立项会”就是确定项目，只不过这里的“项目”是人。它是由人力资源发起，“人力资源三人小组”——CEO、招聘经理、用人主管参与的。比如，如果财务部需要用人，那么参加会议的就是CEO、招聘经理、财务主管；如果销售部需要用人，那么参加会议的就是CEO、招聘经理、销售主管。

在“立项会”上，“人力资源三人小组”需要完成以下动作。

☑ 进行人才盘点，确定招聘岗位及人数

☑ 根据使命和愿景，建立用人标准

☑ 制定岗位KPI

☑ 构建岗位人才胜任力模型

具体来说，在“立项会”召开之前，用人主管首先需要根据自己部门的实际情况，提交人员招聘计划。在“立项会”上，“人力资源三人小组”需要针对具体的招聘计划进行讨论、分析，确认需不需要招聘，以及招聘的人数为多少。

那么，如何确定？

我们在前面强调过，企业组织可分为“专业线”和“业务线”两部分，这两者之间的人员配比为1∶9，并且，“专业线”上人才和“业务线”上人才的招聘标准与招聘渠道都是不同的。那么，

对于“专业线”和“业务线”，用人部门的招聘计划究竟要不要执行、招聘数量为多少的审核标准也是不同的。

☑ 业务线：判断“业务线”上是否需要进人的两个指标分别是人均效能和新增业绩目标。新增业绩目标 / 人均效能 = 业务线上需要招聘的人员数量。以行动教育为例，行动教育业务员的人均效能是 100 万元，那么，我们的业绩目标每增加 100 万元，就意味着要多招一个业务员。

☑ 专业线：判断“专业线”上是否需要进人的两个指标分别是人均效能和有无预算。此外，“专业线上”的人才招聘要遵守“有进有出”的原则，即相关用人部门新进一个员工的同时，也需要核减一个员工。这是因为，专业线的人员配额不是无限扩大的，而是有限制的。

当然，这只是最基础的一步，完成这一步后，“人力资源三人小组”就要对需要招聘的岗位进行细致的“人才画像”，建立人才胜任力模型了。

我们在前面不止一次地强调过，人才胜任力模型主要包含“德、才、岗”三要素。其中，“德”是价值观，是统一的、固定的，“才”是特长 / 优势 / 天赋，“岗”是岗位 KPI。针对不同的岗位，“才”和“岗”这两大要素的要求也不同。因此，在制定岗位人才胜任力模型时，招聘经理应该起到主导作用，并且有一套属于自己的人才胜任力模型模板；用人主管要根据实际的业务情况，提出岗位要求和 KPI；CEO 则发挥着把关、定夺的作用。

“复审会”：全方位综合评估，判断是否留用

“立项会”通过后，人力资源就进入了面试环节。一般来说，面试要进行 5 轮，分别为招聘经理面试、用人主管面试、用人领导面试、人力资源领导面试、总经理面试，后面我们会具体介绍。第二轮面试完成后，企业就应该召开第一场“复审会”，此后每一轮面试过后，企业都应该召开相应的“复审会”。

“复审会”的主要目的是对面试结果进行反馈、从“德、才、岗”3 个方面对应聘者进行综合评估，判断应聘者是否符合企业标准、是否应该留用。在召开“复审会”的过程中，我们使用到的工具是面试评估表。通常，“复审会”采用的是“一票否决制”——如果参加复审会的任意一人对应聘者进行了否定，那么不管其他人对其有多满意，这个人都不能被录用。

企业之所以召开“复审会”，主要有两大目的。

1. 选出最合适的人才

正如古人曾子所言，用人之道有三重境界——用师者王，用友者霸，用徒者亡。

企业用人也是一样的道理。那么，如何才能选出最适合的“师”，达到“用师者王”的目的？“复审会”功不可没。因为每

一场“复审会”实际都是对人才的一次评估，最终通过层层考核、在多维度的评估中脱颖而出的，往往就是最优秀、最合适的人。

2. 风险评估

在“复审会”上，参会人员会从“德、才、岗”3个方面去仔细评估人才。这个过程实际上也是对引进人才的一种风险评估的过程。

这是因为人都是善于伪装的。有时候，面试官通过一场面试甚至几场面试都无法识破这种伪装。而在每次面试后，企业通过召开“复审会”的方式，让参与招聘工作的相关人员就面试情况交换自己的意见，往往能够更好地对人才进行识别，从而及时淘汰不合适的人选，降低招聘风险。

最终，通过了“复审会”的复审后，人才才能真正获得企业的入场券。

慎选的流程：三级管理 + 五道安检

“人才筛选漏斗模型”的中间一层是流程，用一个公式来概括就是：三级管理 + 五道安检。这个流程也被形象地称为“过五关斩六将”。

在上一节中，我们分析了“慎选”的标准。在本节，我们就来学习“慎选”的流程。

三级管理：管一级看两级

三级管理指的是管理者在进行人才招聘时，要按照企业组织架构，兼顾位于自己下面一级、下面两级和下面三级的人员。这个“三”是如何得来的？它通过 1+2 得来，即管一级看两级。

这样说，大家或许会感觉很迷惑，我们不如来看两个具体的案例。

假设 A 是某企业的总经理，所在企业的组织架构如图 2–5–3 所示。

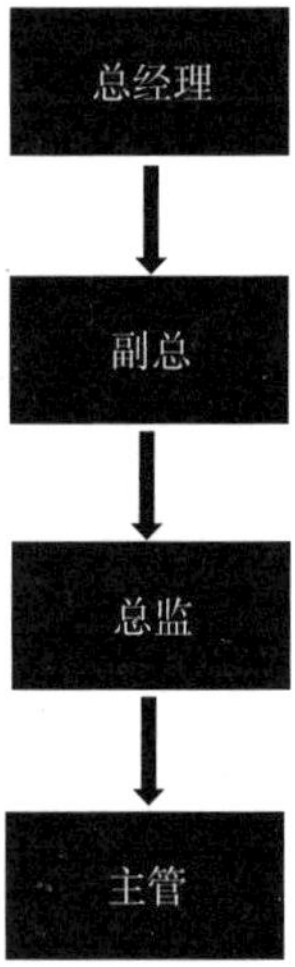

图 2–5–3　A 所在企业的组织架构

那么，按照图 2–5–3 中的组织架构，在实际的企业管理中，A 就是副总的直属上司，管理副总。而副总下面的两级分别是总监和主管，那么副总、总监、主管这三级的人员都应该由 A 直接参与招聘。

假设 B 是某集团公司的 CEO，其公司的组织架构如图 2-5-4 所示。

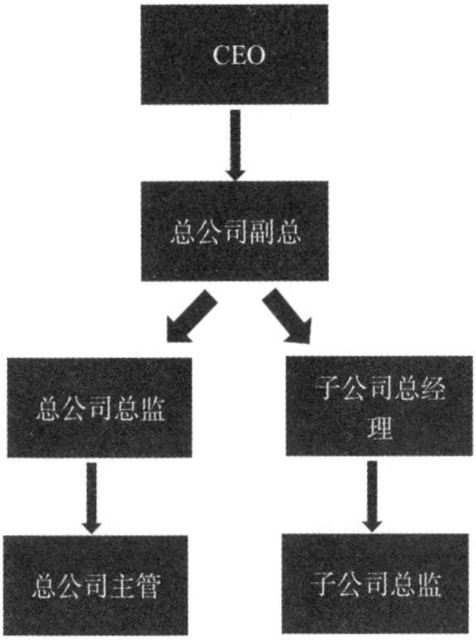

图 2-5-4 某集团公司的组织架构

按照图 2-5-4 中的组织架构，CEO 直属分管的依然是总公司副总，总公司副总下面的两级分别是总公司总监 / 子公司总经理和总公司主管 / 子公司总监。那么，总公司总监 / 子公司总经理、总公司主管 / 子公司总监都应该由 B 直接参与招聘。

由此不难看出，所谓的“三级管理——管一级看两级”就是管理者直接管理在组织架构中位于自己下面一级的人员，并参与自己下面一级、下面两级和下面三级的人员的招聘。

以行动教育为例，在行动教育总部，李践老师直接管理的下面一级是集团副总，集团副总的下面两级是总监和员工，那么按照“三级管理”制度，包括保洁员、保安在内的集团总部所有人员的招聘，李践老师都要参与。在分公司，李践老师直接管理的集团副总下面的两级分别是子公司总经理和子公司总监，因此行动教育所有子公司的总经理和总监，也都必须由李践老师亲自面试。

那么，在招选“将才”的过程中，我们为什么要强调“三级管理”？

这是因为通过三级管理，我们可以对进入公司的人才进行多维度面试。而通过多维度面试，我们可以对人才的性格、学历、能力等各方面的指标有一个更全面、更深入的了解。毕竟，人是复杂的。在前文中，我们也强调过，导致企业招人失败的一个关键原因便是“人性”的复杂和“人心”的险恶。这种“三级管理”也是避免选人失败的有效措施。

五道安检：人才安检五道关

“五道安检”就是人才通过了简历初选后，要想正式获得入职资格，必须按照“标配”通过 5 轮面试。这与我们在上飞机、上火车之前必须经过严格的安检一样。这“五道安检”如图 2–5–5

所示。

图 2-5-5 人才进入公司前的“五道安检”

1. 招聘经理

“五道安检”的第一关是招聘经理的面试。严格来说，这一关又可以分为两步：一是简历的集中筛选，二是进行人才的第一轮面试。

（1）简历筛选

简历是应聘者的第一张通行证，也是企业了解应聘者的第一个突破口。通常，当企业发布招聘信息后，认同企业人才价值主张并对招聘职位感兴趣的应聘者就会给企业投递简历。

根据我们的观察，在现实的招聘过程中，有些企业对简历往往没有特殊的要求，也没有制定简历模板，对此，我们是不认同的。我们的建议是，每家企业最好都能制定一套能代表自己价值观的简历模板。这个简历模板应该包含企业想要了解的信息。比如，家庭情况、学历、工作履历、是否有过处分等。并且，简历模板还应注明“所填信息必须真实”。如果信息虚假，那么当事人将承担法律责任。

建立简历模板的好处是能够帮助招聘经理更好地进行简历筛选。因为标准都是统一的，通过对比，招聘经理很容易就能找出最符合要求的简历。

（2）面试

招聘经理选出合适的简历后，紧接着就是通知应聘者面试的时间和地点，并面试应聘者。

那么，这一关的主要面试内容是什么？简单来说，招聘经理要按照“德、才、岗”人才画像，对应聘者进行德、才方面的评估、打分，判断应聘者是否具有企业要求的“德”“才”。

通常，在第一关的面试中，招聘经理需要从多位应聘者中挑选出合适的人选推荐给用人主管。在行动教育，我们在这一轮面试中的留用和淘汰比例是 3∶2，比如，如果参加同一岗位面试的有 10 个人，那么招聘经理需要从中挑选出 6 个人，再将这 6 个人推荐给用人主管。

2. 用人主管

第二关是用人主管的面试。在这一关，用人主管要基于业务需求和岗位需求，着重考察应聘者的“岗”，比如，了解应聘者之前是否有过相关工作经历、是否在相关岗位或相关行业做出过成绩。

具体来说，用人主管可以通过让应聘者举出一个工作中的实际案例的方式，来考察应聘者若在未来的工作中遇到类似情况会如何处理，从而分析应聘者的专业能力，并判断他是否具有创造性，以及他未来的职业走向。对于专业操作性强的岗位，用人主管还可以同时准备一份笔试卷，用实际工作中的问题来测试员工的优点和缺点。

需要注意的是，招聘经理在结束了第一轮面试后，应该提前把面试结果反馈给用人主管。在正式开始第二轮面试前，用人主管也应该提前熟悉应聘者的相关情况。比如，小王马上要进行第二轮面试了，那么在面试前，用人主管就应该首先了解小王的整个履历，包括他的工作背景、学历、受过的奖励、现状、家庭生活等。在正式的面试环节中，用人主管无须再问那些已经提前了解过的信息，毕竟面试的时间有限，应该把宝贵的时间留给更需要问的问题。

这一原则也是后面每一轮面试的责任人都应该遵守的。总之，在每一轮面试中，责任人尽量不要问同样的问题，而应该有侧重，多方面了解应聘者。

用人主管结束面试后，他接下来需要从这一轮的面试者中挑选出合适的应聘者，并把这些应聘者推荐给对应的用人领导，这个推荐人数一般为应聘者总人数的一半。比如，某场面试是在为研发中心招选研发人员，研发经理面试完以后，他就要从招聘经理推荐过来的 6 个人中挑选出自己认为不错的 3 个人，把这 3 个人推荐给研发总监或者分管研发的副总裁。

3. 用人领导

“五道安检”的第三关是用人领导对应聘者进行评估。在这一轮面试中，用人领导要本着“德才兼备”的标准，对应聘者的“德”和“才”进行评估。也就是说，在这一关，用人领导既要看应聘者的道德、价值观、意愿，也要看应聘者的能力、业绩和特长。

同样地，用人领导面试完以后，需要从这一轮的面试者中挑选出最合适的人选推荐给下一位责任人，留用和淘汰比例一般是2：1，即三个人中最多推荐两个人。

4. 人力资源总监

用人领导对应聘者做出评估后，接下来就是“五道安检”的第四关——人力资源总监的面试。在这一轮面试中，人力资源总监需要再次从“德”“才”两方面对应聘者进行审核。

5. CEO

“五道安检”的最后一关就是CEO的面试。在行动教育，作为CEO的李践老师会亲自参与所有员工的面试。在面试的过程中，CEO要对应聘者进行全方位考核，考核方向主要有两个。一是考核应聘者的天赋、潜力，具体来说，可以针对具体的招聘岗位，直接询问应聘者被录用后会怎么做、有什么创新、有什么建议等；二是询问应聘者未来的职业规划。

最终，CEO要从最后剩下的两个应聘者中挑选出最适合的一个人。被CEO认可的应聘者，也就获得了面试竞选的最后胜利。

以上便是“五道安检”的相关内容。最后，让我们再通过表2-5-1来总结一下入职前的5轮面试的重点内容。

表 2-5-1 “五道安检”重点汇总

步骤	名称	评估内容	评估比例	责任人	“复审会”
第一关	简历关	基本条件	100% 岗	招聘经理	第一次“复审会”
	第一轮面试	价值观、基本面	60% 德 +30% 才 +10% 岗		
第二关	第二轮面试	价值观、岗位、技能、KPI	20% 德 +10% 才 +70% 岗	用人主管	
第三关	第三轮面试	价值观、岗位、技能、KPI	20% 德 +30% 才 +50% 岗	用人领导	第二次“复审会”
第四关	第四轮面试	价值观、优势 / 特长	70% 德 +20% 才 +10% 岗	人力资源总监	第三次“复审会”
第五关	第五轮面试	天赋 / 潜力、价值观	40% 德 +60% 才	CEO	第四次“复审会”

总之，一个员工在进入一家企业工作前，如果没有经过 3~5 轮面试，那么这家企业肯定是一家不太稳定、不太成熟的企业，因为它今天很草率地招人，明天很可能会很草率地裁人。而在这 5 轮面试中，每一轮的面试官都应该秉承“用师者王”的原则，提高标准，为公司招选最合适的人才，而不能陷入“想往低走”的思维惯性，挑选比自己弱、不如自己的人才，否则，企业的发展就很难突破天花板。

当然，在通过了以上“五道安检”后，试岗期应聘者就获得了企业的“通关卡”，而接下来还有更严格的岗位测试在等着应聘者。测试的方法根据岗位要求有所不同，比如，有的岗位要进行情节演练、有的岗位要进行人才胜任力模型的打分评估等。

慎选的方法：老中医 + 老侦探

在前文中，我们介绍了慎选的关键流程。事实上，从某种程度上说，面试官在面试中所扮演的正是“老中医”和“老侦探”的角色，他需要通过最考验基本功的“望闻问切”去全面、客观、多维地了解人才、评估人才，他更需要通过技巧性的“明察暗访”去审核人才是否真的符合企业需求。这两方面的内容，也正是“人才筛选漏斗模型”最下面一层所强调的内容。

在本节，我们就将和大家一起来聊一聊慎选的方法：“望闻问切”和“明察暗访”。

老中医：“望闻问切”

1. 望：简历 + 精气神

所谓“望”，就是要求面试官在面试时要把焦点放在应聘者身上。具体来说，“望”又可以分为两部分。

（1）“望”简历

“望”简历的目的是从简历中发现问题。归纳起来，它又可以分为以下“十看”。

☑ 跳槽频率（稳定性）

☑ 工作时间断层（空窗期）

☑ 关键字（核心能力及特质）

☑ 公司和职位的变化（晋升与平行移动）

☑ 业绩与项目经验（成果与能力）

☑ 自我评价（能力与性格）

☑ 工作兴趣（匹配度及意愿度）

☑ 期望地点（稳定性与意愿度）

☑ 简历美观度（含照片）（性格特质）

☑ 前后一致性（时间、职责、职位等）

（2）“望”精气神

面试的时候，应聘者的一颦一笑都要成为面试官评价应聘者的标准之一，面试官要从细微处考察应聘者的性格特征，判断应聘者有没有强烈的工作意愿和目标感，感受应聘者是不是足够自信、积极、主动。结合我们自己的实战经验，在面试的时候，面试官可以着重观察以下内容（见图 2-5-6）。

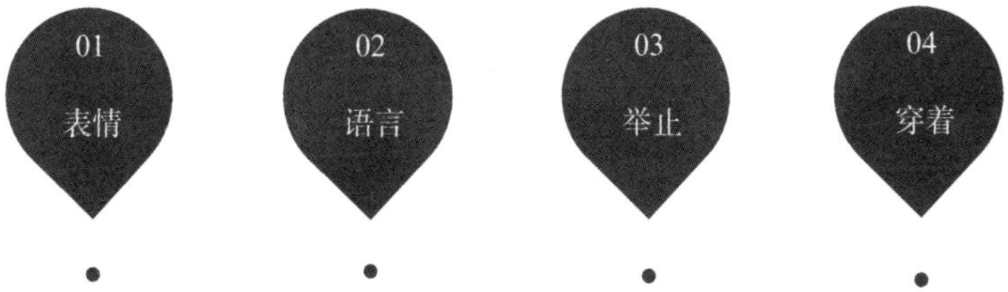

图 2-5-6 “望”精气神

我们之所以强调面试官在面试时要学会“望”，是因为相由心生，内在决定外在。你看到的，就是你得到的。

比如，在招人的过程中，如果面试官看到应聘者能够直视自己，那么这就代表应聘者心理素质过硬，有自信。在未来的工作中，他也将是一个积极、自信的人。反之，在面试的过程中，如果面试官发现应聘者没有工作的意愿度，聊起工作和未来也没有积极性，那么在未来的工作中，他呈现出的也应该就是这种状态。

总之，面试官所看到的应聘者的状态就是这个人的本质。在招人选人的时候，我们不能寄希望于员工去改变自己的态度和行为。这就类似于年轻人谈恋爱。比如，男方游手好闲，好吃懒做，抽烟，花钱大手大脚，但女方出于爱情，包容男方的这些缺点，并寄希望于对方的改变。那么对方会改变吗？不会。即使双方组成家庭，有了孩子，男方也很可能不工作，早上不起床，晚上不睡觉，花钱没有节制。用人也是如此，最初你认识的这个人的样子就是真实的，你看到的，就是你得到的。要相信自己的所见所闻，不要妄想去改变。对于那些眼里没有光、心中没有火、缺乏高强意愿度的应聘者，企业应该毫不犹豫地淘汰。

2. 闻：听其言

这里的“闻”有两层含义：一是听，即在面试的过程中，面试官要多听，并通过应聘者所说的话，对应聘者进行判断和考核。这是因为语言是思维的载体，面试官从一个人的语言中往往可以得到很多信息。二是“闻味道”，即在面试的过程中，面试官要判断应聘者是否与组织文化相匹配。在阿里巴巴，“闻味道”是招聘中非常重要的一个环节，阿里巴巴让有5年以上经验的面试官担任“闻味官”。

说到这里，我们不妨再来看一个案例。

多年前，一位上市公司的主席曾力邀“看人精准”的李践老师帮他一起面试一位从澳洲过来的首席财务师。当时，这位主席选择的面试方式是和应聘者一起共进午餐。席间，这位主席一直在滔滔不绝地给应聘者描述自己过去的丰功伟业，丝毫没有给应聘者说话的机会，就好像参加面试的是他自己，而不是那位应聘者。

看到这种局面后，李践老师几次打断了这位主席的话，提醒他将说话的机会留给应聘者。然而，每次应聘者刚刚抛出一个信息，这位主席很快就会把话题接过去，然后又开始新一轮的“演讲”。比如，应聘者提到自己曾在英国留学，这位主席很快就会接话“我也在英国生活过”，并开始介绍自己在英国的过往；应聘者提到自己曾经的工作经历，这位主席也很快就会接过话题……

最终，尽管李践老师一直在努力“救场”，但直到一顿饭吃完，应聘者始终没有什么开口的机会，李践老师从面试中探得的信息也少得可怜。这场面试也成为李践老师终生难忘的“最失败”的面试。

在面试的过程中，最忌讳的就是面试官滔滔不绝地说，而不愿去倾听。毕竟，面试时间是有限的，作为面试官，我们需要从应聘者的口中探得更多的信息，而不是把宝贵的时间浪费在自己的谈话上。

那么，在面试的过程中，面试官应该如何去听、听哪些内容？我们认为，听的重点要放在两个方面。

（1）听动词，不听形容词

在听的过程中，面试官要重点听应聘者表述中的动词，而不是形容词。比如，当应聘者在描述自己的实力时，面试官的注意力应该集中在认真听应聘者讲述自己过去做得最成功的事情是什么、如何做到的、遇到过哪些挑战、其中最大的挑战是什么、如何战胜挑战的……在这个过程中，面试官要多去引导应聘者说动作、用动词，而不能只听应聘者用形容词去描述自己过去的“辉煌战绩”。

（2）听方法和成果

结合我们自己的实战经验，我们发现在面试的过程中，有些应聘者会强调“我参与过一件事情”“我和别人合作过一件事情”“我甚至帮助别人做过一件事情”“我给别人提出过做事情的建议”……

事实上，参与、合作、帮助都不是重点，因为这些都不是应聘者自己独立完成的，应聘者更应该告诉我们的是自己是如何做的，有什么方法，取得了什么成果。因此，在面试的过程中，面试官要学会引导应聘者抓住两个描述重点：一是方法、动作，二是取得了什么成果。面试官应着重倾听这部分的内容讲述。

3. 问：一问到底

“问”很好理解，就是面试官通过提问去了解自己想了解的内容。当然，在面试的过程中，面试官提问也是要讲究方法的，要“从头听到尾，一问到底”，而不能“东一榔头西一棒槌”，想到哪儿问到哪儿，没有逻辑。比如，作为面试官，如果你想了解应聘者的天赋和专业，那么你的问题就要顺着这条线展开，并且，你的时间分配也要遵从“99+1”的原则，即99%的时间花在听上，1%的时间用来提问。

那么，如何提问？我们给大家提供两种实用的方法。

（1）“最”字当头

因为时间有限，在面试的过程中，我们必须抓住重点。而抓住重点最好的方法就是“最”字当头，即在每个问题前面都加上一个“最”字，并且这些“最”字当头的问题都紧扣“德”“才”的相关标准——价值观、特长、优势，以及人才本身的天赋和潜力。

比如，我们可以这样提问。

☑ 你遭遇到的最大挫折是什么？

☑ 你生活中最幸福的事情是什么？

☑ 对你来说工作中最重要的是什么？

☑ 你最自豪的一件事是什么？

☑ 你最遗憾的一件事是什么？

☑ 你最富创造性的工作成果是什么？

☑ 你最喜欢的工作方式是什么？

☑ 你最喜欢的领导是谁？为什么喜欢他？

☑ 你最喜欢的一本书是什么？它对你有什么影响？

☑ 你做得最成功的事情是什么？你是否能做得更好？

……

人才是什么？人才是战略的选择。一个合适的人给企业带来的是巨大的财富，不可替代的资源。要想在短时间内深入了解一个人，面试官就要抓住机会问重点。

（2）STAR 面试法

STAR 面试法也被称为“行为面试法”（见图 2-5-7），即通过提问，引导应聘者列举一个过往的实际案例，描述自己当时处于什么样的场景，有什么样的目标，最后采取了什么样的行动，获得了什么样的结果。它之所以有效，是因为遵循了这样一个原理：人的行为是具有一惯性的，一个人曾经遇到某件事情时所采用的应对方式，就是他将来遇到同样事情时会采用的应对方式。

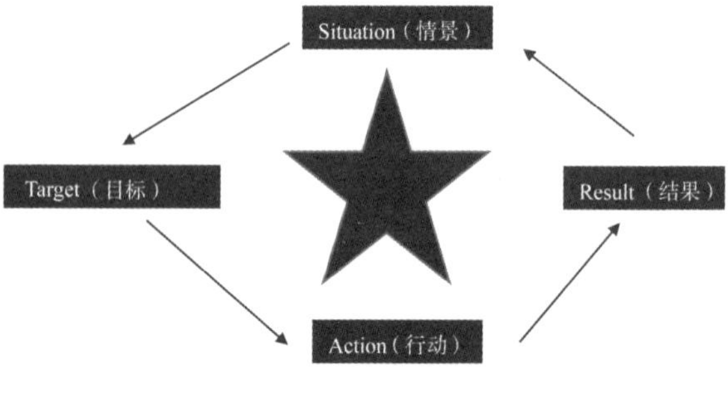

图 2-5-7　STAR 面试法

按照这样的规律，在面试时，面试官就可以根据应聘者的过去推断出应聘者的未来，即通过应聘者在面试时所描述的在特定情境下所发生的事情、所做出的行为，来推断当应聘者在未来的工作中遇到了相同的场景时，他可能会做出的行为和举动，以此判断出应聘者究竟是不是自己想要的“对”的人。

这样说，或许大家会觉得很抽象，下面我们就通过一个具体的案例更直观地说明。

假设甲公司的面试官 A 正在面试一名销售岗位的应聘者 B，且 A 需要了解 B 的抗压能力。那么，A 就可以这样问 B：“你能不能举个例子来证明你是抗压能力很强的人？”

通过这样的提问，面试官引导应聘者描述一个情景，这就是 STAR 面试法中的 S——情景。根据我们自己的实战经验，应聘者在面对这一问题时，可能会这样回答：“在我过去两年的销售经验中，我每天都是 7 点半出门，通常我一天会拜访十几个客户，晚上下班后，我还会去学习分享，以及准备第二天的客户资料，所以我经常很晚才睡觉。在我过去的团队里，大家每天都会参与业绩排名，不管我的排名是靠前还是靠后，我始终没有妥协，始终坚信只要再努力一点儿，我的业绩就一定会上一个台阶。”

大家不妨代入一下，在现实的招聘过程中，当听到类似的回答后，你是不是也会觉得应聘者很不错，觉得找到了自己想要的答案？事实上，这个答案还远远不够。这是因为，当应聘者说出这番话后，他言语中表述的都是他曾经的行为，而并没有提及设定的目标，以及为了这个目标做出的行动。

为了得到想要的答案，以及进一步考核应聘者，面试官可以继续追问："你能不能举一个例子，说一说让你印象最深、最能证明你有很强的抗压能力的事情？"

通常，当面试官追问到这里后，应聘者大多会开口讲述一个亲身经历过的故事："我觉得我最有压力的一件事情是6年前的高考，当时，我的成绩在班里属于中下游水平，考好学校基本无望。但是我很不甘心，很想考好学校。于是，我发愤图强，每天晚上都学习到凌晨一两点钟才睡觉，通过一年的努力，最后，我的成绩从班里的中下游上升到了前10名，并最终考取了不错的大学。"

到这里，应聘者就给出了一个完整的STAR，透过这个故事，面试官能很清晰地看到STAR面试法中的目标，以及应聘者为了这个目标做出的行动。根据应聘者提到的目标，以及他为了达成目标而采取的行动，面试官就获得了一个完整的STAR，需要做出判断了。总之，运用STAR面试法的关键便是要引导应聘者去描绘一个情景、列举一个目标、说出为了完成这个目标采取了哪些行动。这些描述都是面试官做出最终决定的重要依据。

4. 切：吃一顿、玩儿一把、睡一觉

所谓“切”，就是“切”入应聘者的生活，近距离地去观察、了解其生活，比如他的家庭、他的父母、他的生活习惯等。它针对的不仅是参加面试的应聘者，也包括已经入职的员工。通常，当我们距离人才越近时，我们对他的了解就会越透彻。这是因为，一个人在面试时可能会伪装，但是在生活中，他就会还原真实状态。而从某种程度上讲，工作也是一种生活，工作中和生活中保持的思维方式和习惯都是相通的，生活细节是评价人才最好的显微镜。

那么，如何“切”入应聘者的生活？我们认为，最好的办法就是做好“三个一工程”——“吃一顿”“玩儿一把”“睡一觉”。

（1）吃一顿

“吃一顿”很好理解，就是共进一餐。面试官通过观察应聘者的用餐习惯以及在用餐中的表现对他进行判断和考核。

一次，李践老师陪大客户去吃饭，陪同的还有一位总监。吃饭时，李践老师注意到，这位总监一直在埋头吃饭，不懂得去和客户交流。后来李践老师了解到，他其实并不擅长人际交往，所以不适合做服务性的工作。于是，李践老师找他谈话，希望他重新规划自己的职业方向，规避沟通的短处。后来，他的策划能力被发掘，在这方面做得很好。

（2）玩儿一把

“玩儿一把”，就是企业通过组织集体活动，在放松的状态中去观察和考核人才。

每年春节，行动教育都会组织公司的优秀员工和管理者外出旅行。有一年的旅行目的地是香港和澳门，与李践老师一同旅行的还有一位分公司总经理。在澳门的赌场，这位总经理玩儿得不亦乐乎，但他总是盲目下注，决定了又后悔，结果将自己的钱花光了还不算，又找其他人借钱继续玩儿。他不懂规则，也不请教别人。他的这种行为让李践老师意识到，虽然他有意愿做好事情，但是由于不够慎重，他缺乏做好事情的能力，企业给他的机会越多，他造成的损失就越大。从澳门回来之后，李践老师坚决向董事会提出了重新挑选总经理的建议。

（3）睡一觉

“睡一觉”就是指通过和员工共处一室，近距离观察员工的行为习惯。

有一次，李践老师和公司的一位管理者一起出差。由于他们晚上住在一个房间，彼此的生活习惯马上就有了冲突。李践老师发现，这位管理者的东西摆放杂乱，不讲究卫生。那么他在生活细节上的马虎映射到工作上，会是什么样的？李践老师联想到，他主管的是品质和客户服务方面的工作，而这类工作非常注重细节，以他毛躁的性格，他肯定是做不好的。所以，李践老师当即就决定不再聘用他。

“吃一顿”“玩儿一把”“睡一觉”这“三个一工程”是我们认为切入人才生活的最佳方式。而企业按照“三个一工程”来挑人，所做出的人事决策往往都是最正确的。

老侦探：“明察暗访”

除了要扮演“老中医”的角色，对人才进行“望闻问切”外，在正式录用新员工前，面试官还要扮演“老侦探”的角色，对应聘者进行背景调查，对其“德”和“才”进行复核。

可以肯定的是，在当下的职场中，简历注水、虚假包装的“能人”有很多。研究资料显示，在应聘者中，许多人都有“案底”。这里的“案底”既有违法行为，也有指违反公司制度、给企业带来不良影响的道德行为。除此之外，相关研究资料还显示，在面试的过程中，有 40% 的应聘者所提供的文凭都是假的。

站在企业管理的角度来看，企业每招聘一个新员工都可能会遇到很多风险。比如，胜任力风险、法律风险、职业操守风险、成本风险等。而企业在员工入职之前，对其进行一次背景调查，一是能够节省企业成本，减少因招聘失误而带来的招聘、培训、试用期工资等成本的浪费；二是可以规避用人风险，预防因选错人而带来的各种风险。

站在人力资源的角度来看，对员工进行入职前的背景调查，一是可以确保招聘的有效度与可信度，去伪存真，筛除有虚假证件、虚构工作经历、虚夸工作表现的应聘者，做到知人善任，全面了解候选人之前的工作信息，为其未来的培训、职业发展提供依据；二是能够提升人力资源的专业技能，提高用人部门对人力资源部门的工作满意度。

那么，企业应该如何进行有效的背景调查？最好的方式就是明察 + 暗访 + 观察。

1. 明察

所谓“明察”，就是到人才的“老东家”那里去探访其相关情况。一般来说，面试官应该找到应聘者的前两位雇主，以面谈的方式了解应聘者的道德、人际关系等情况。

明察通常又可以分三步进行。

（1）第一步，征求应聘者意见。因为背景调查涉及个人隐私，所以事先有必要征求应聘者的意见，如果应聘者遮遮掩掩，那么正好说明其中有诈，面试就可到此为止。

（2）第二步，对基本证件进行审查。证件包括应聘者的身份证、学历证、职业资格合格证、专业技术职务聘任证书等。为了谨慎起见，面试官可以运用身份证查询系统、学历查询系统、专业资质查询系统，对应聘者的身份和学历进行核实、验证。

（3）第三步，和应聘者的上家就职企业联系，核实其离职原因、有没有不良行为、在职时间和薪资情况是否属实。

2. 暗访

所谓暗访，就是找应聘者在生活中亲密相处的人沟通，深入了解其道德观念、性格特点等。

3. 观察

所谓观察，就是指招聘经理、用人主管、用人领导、人力资源总监、CEO 必须在 3 个月内持续观察试用期人员“德”“才”“岗”的匹配情况，及时进行沟通、协调、支持和调整。

以上便是“望闻问切”和“明察暗访”的相关内容。俗话说：“千军易得，一将难求。”选对人很难，选到 A 级人才更是难上加难。但我们认为，面试官只要按照上述的方法和流程一步步精挑细选，肯在选人上花时间、花精力，难题最终都会迎刃而解。

第六星 严进

从情理法到法理情，依法治企

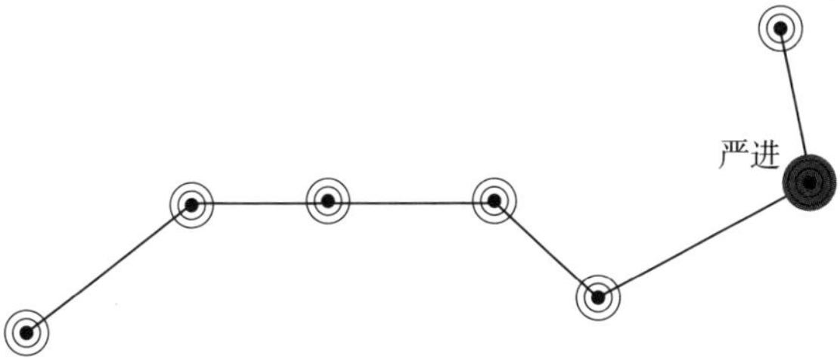

企业内几乎所有的重要岗位，都被企业创始人的亲信“霸占”；“有德有才”的A级人才进入企业后，却因无法融入“圈子文化”而得不到重用，被迫离职；企业内部小利益集团明争暗斗，导致企业内耗严重，发展无望……

在现实的企业管理中，上述提到的情形几乎每天都在发生。而造成这一切的“罪魁祸首”，正是强调“人治”，主张“家天下，情理法”的“家文化”。

从本质上来说，企业管理是一件严肃的事情，企业的招选“将才”应该遵守“严进”的法则，而不能任人唯亲。与“讲感情”的家不同的是，企业应该是“讲理、讲法”的地方。这也就意味着，取缔“家文化”、实现“依法治企”，是高效治理企业、公平管理企业、有效防范风险的关键，更是现代企业应有的觉悟和态度。

那么，企业如何才能实现从“情理法”向“法理情”的本质转变，做到“严进”？这就要求企业管理者在管理企业的过程中，要始终立足“高中低”三大维度（见图 2-6-1），重视法律、契约和制度。

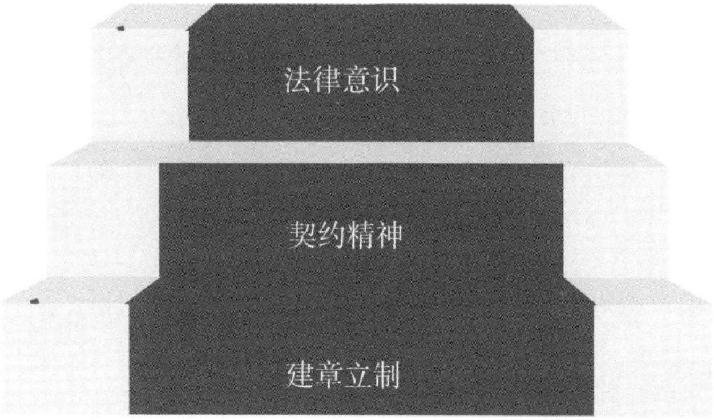

图 2-6-1 “严进”的三大维度（第六星）

高维是法律：企业不是家庭，企业就是在商言商，法律是最基本的条件，无论企业内部出现什么问题，其上升到最高层面都是法律问题。

中维是契约：对企业而言，最大的风险就是没有契约思维，习惯于口头承诺，这最终会造成不必要的麻烦。

低维是制度：管理的本质就是建章立制，只有管理工作变得制度化、流程化，企业管理才会变得更简单、更高效。

中国民营企业的最大弊端：家文化

企业就是平台，平台的发展离不开文化的支撑。这里的文化，既是指企业的价值观底色，也是指企业的组织架构和人事问题。而民营企业的企业文化一般都会呈现出“家文化”的特征。这种“家文化”也是制约民营企业进一步发展壮大的关键因素。

“家文化”的逻辑：情理法

何为“家文化”？在问答这一问题前，我们不妨先来看一个典型案例。

李践老师有一位从小一起长大的发小兼结拜弟弟L。1982年，只有13岁的L因为踢足球出了意外而辍学回家。那时，赋闲在家的L开始卖牛仔裤补贴家用，没想到，由于赶上了好时机，再加上年轻、机灵、肯吃苦，L很快就赚得了人生的第一桶金。后来，有了资本的L又开起了冰激凌工厂卖起了冰激凌，并且一路把自己的冰激凌品牌发展成了著名品牌。

这个时候的L，相比于许多同龄人，已经有了很高的起点和很好的基础。只不过，在生意做大后，他的思维却并没有转变，他的企业也呈现出了一种典型的“家文化”——在企业里担任要职的（不管财务、人力资源、销售经理，还是销售主管），都是与L沾亲带故的人。

1991年，李践老师产生了下海创业的念头。当时，L力邀李践老师到自己的企业和自己一起打拼。后来，李践老师接受了L的邀请，加入了L的企业。然而，仅仅3个月后，李践老师就选择了辞职。因为在这3个月里，他看到了L的企业“任人唯亲”的现状，但凡重要一点儿的岗位，皆是由L的亲人“坐镇”，关系错综复杂。许多人在上岗前，甚至完全不了解岗位职责、没有相关的工作经验。这种“家文化”让李践老师认识到，继续待在L的企业，自己将没有发展前途，更重要的是，他对企业的未来也没有信心。

在上述案例中，L企业的文化就是一种非常具有代表性的“家文化”。在L的企业中，担任企业管理者的员工几乎都是与L沾亲带故的人，这种“任人唯亲”就是“家文化”最突出的表现之一。由此，我们便可以给“家文化”下一个简单的定义：所谓“家文化”，就是将企业等同于家庭，采取“任人唯亲”的人才选拔模式，按照“情理法”的逻辑去经营企业。以“家文化”为特色的企业，主要具有以下三大特征，如图2-6-2所示。

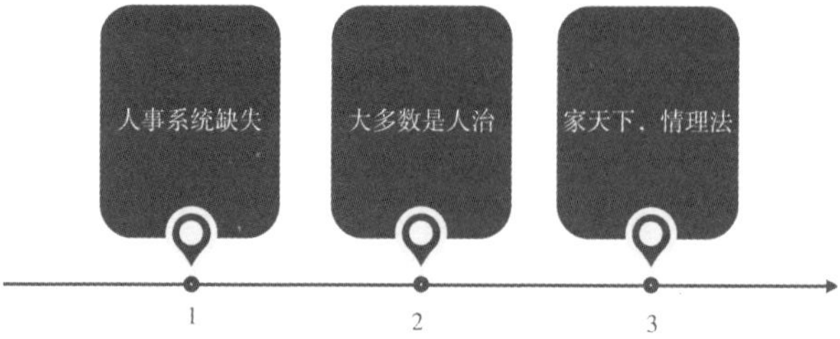

图 2-6-2 “家文化”企业的三大特征

“家文化”的逻辑是“情理法”，它迎合的是“打虎亲兄弟，上阵父子兵”。也就是说，当面临生死攸关的大事时，最可靠的合作者还是自己的血亲，一家人团结一致，同心同德，做事情就很容易成功。这种思想听起来似乎很有道理，实际却是管理企业的大忌，它很容易就会让企业处于另一句中国古话所描述的情景——“一人得道，鸡犬升天”。

毋庸讳言，由于受传统文化和观念的影响，如今，“任人唯亲”的现象仍然是国内企业管理中一个比较突出的问题，不仅在民营企业中存在，在国有企业、集体企业中也同样存在。比如，在现实生活中，我们经常会看到在一些企业里，企业创始人的七大姑、八大姨往往把持着财务、人事等大权。尽管这些“皇亲国戚”的才能有限，业绩平平，但享有特殊地位，在企业中颐指气使，发号施令，企业成了企业创始人的“家天下”。

这一切对企业来说，无疑是致命的问题。李嘉诚在出席汕头大学商学院学生“经济沙龙”时表示，如果企业任人唯亲，就一定会受到挫败。

“家文化”的弊端：近亲繁殖

那么，“家文化”给企业发展带来的影响究竟体现在哪些方面？在回答这一问题之前，我们不妨再来看一个案例。

20世纪80年代初期，美国H电脑公司还是一个庞大的产业帝国，业务遍布100多个国家，员工超过3万名，营业额高达30亿美元，可与IBM分庭抗礼。创始人更是以20亿美元的身家位列美国华人首富。

“因为我是公司的创始人，我要保持我对公司的完全控制权，使我的子女能有机会证明他们有经营公司的能力。”在企业发展的关键时期，寄望于“虎父无犬子”的创始人决定采用家族管理模式：表现平平的长子继任公司总裁，尽管这一决定遭遇众人反对，但创始人执意为之。幼子出任传播公司总裁，之后升为总公司高管。

但是，高科技行业对创新能力的要求极高，而且当时正是H电脑公司扩张的大好时机，如果掌门人善于经营，公司很快就会走上另一个巅峰。然而，创始人任人唯亲的做法已经种下了H电脑公司衰亡的种子。果然，长子接手公司刚刚一年竟亏损了4.24亿美元，公司股票在3年中下跌了90%。

1992 年，难以为继的 H 电脑公司正式申请破产保护。

无独有偶，在上文中的我们所提到的案例中，L 的企业在李践老师离开不久后也走了下坡路，最终，由于经营不善、负债太多，L 的企业破产了，L 本人也“躲债跑路”，至今杳无音信。不管是 H 电脑公司的创始人，还是 L，最后都败在了“家文化”上。他们正是许多中国民营企业家的缩影。这些人用自己的亲身经历告诉我们：在“家文化”氛围中形成的家族企业，必然是走不长远的，因为这些企业先天就缺少了职业化、法制化的基因，而这些基因正是企业发展壮大、不断深耕的基础。

具体来说，“家文化”给企业带来的最大弊端就是“近亲繁殖”，这种“近亲繁殖”的危害主要体现在以下几点。

1. 人才能力跟不上

“近亲繁殖”的人才的学历、经验参差不齐。在他们上岗前，企业缺乏对其能力的周密考量，其工作成果自然难达预期。谈创新，谈发展，谈目标，都是空话。尤其是关键岗位或专业岗位，对人才的能力要求更高。稍有不慎，企业派出“阿斗”式的领导，就会使人才陷入“俄罗斯套娃”一样的怪圈，严重同质化，一个比一个能力差。

2. 严重的企业内耗

“近亲繁殖”是小利益集团滋生的沃土，会使企业成为利益斗争的戏台。这最终会形成圈子文化，造成严重的企业内耗，导致没有人把精力放在企业的发展上，最终拖垮企业。

3. 企业人心尽失

“近亲繁殖”一方面会导致真正的人才进不来，另一方面也会导致招进来的人得不到重用，能力难以施展，升迁发展无望。这些人要么选择离开，要么被卷进利益旋涡里不能自拔。不管哪种情况，最终的结果都是企业人心尽失。

我们说“举贤不避亲”，但不能任人唯亲。李嘉诚认为，亲人并不一定就是亲信。企业任人唯亲，会受到挫败。

“家文化”不等于“企业文化”

我们在前面强调过，“家文化”是一种“人治”，而经营和管理企业需要的是“法治”，因为“人治”有很多弊端（见图 2-6-3）。从这个角度来说，“家文化”并不等同于“企业文化”。

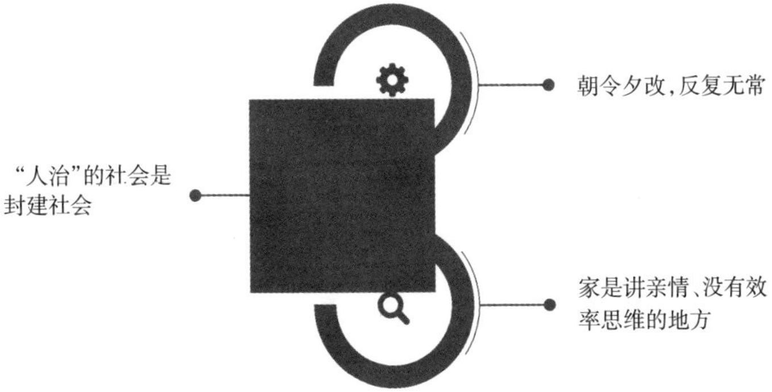

图 2-6-3 “人治”的弊端

毋庸置疑的是，对任何一家企业而言，人事的问题都是严肃的问题。做企业，亲兄弟也要明算账。因此，企业不应该推崇“家文化”，因为家是讲“情”、讲“奉献”的地方，而不是讲“理”、讲“法”的地方，在家庭里面，不存在效率，也不存在优胜劣汰。企业和家是完全不同的两个概念，经营、管理企业的逻辑不是“情理法”，而是“法理情”，因为只有“法治”下的企业，才能做到高效、公平和具有防范意识。

这也就意味着，作为企业管理者，当我们在经营、管理企业的时候，一定要让企业实现从“人治”向“法治”的转变、从“情理法”到“法理情”的转变、从“讲感情”到“讲效率”的转变，只有实现了这三大转变，依法治企，企业的发展才能有源源不断的健康活力。

而要实现这三大转变，我们就必须在 3 个方面做出努力：一是强化法律意识，二是遵守契约精神，三是建立规章制度。这 3 个方面的内容，在接下来的章节中我们也将为大家做详细讲解。

严进方法一：法律意识

“严进”的核心便在于企业要取缔“家文化”，实现由“情理法”向“法理情”的转变。因此，企业实现“严进”的第一个有效途径就是增强法律意识。

令人感到遗憾的是，如今，仍然有不少民营企业的法律意识还比较淡薄，它们中的许多都曾遇到“法律坑”。毋庸置疑的是，目前，随着法治社会的不断发展，法律在企业管理中也发挥着越来越重要的作用，“依法治企”已经成为企业适应法律环境变化的“必需品”，同时也成为企业在“严进”过程中规避风险的最佳途径。

在本节，我们就将带大家了解与企业管理息息相关的四大法律——公司法、劳动法、会计法、刑法的相关内容。

公司法：规范家族企业最重要的法律之本

《中华人民共和国公司法》（以下简称《公司法》）是企业法律体系中最基本的法律，是关系到企业的设立、组织、活动、解散及其他对内对外关系的一套完整的企业法律体系。

如果时光回到30年甚至更久之前，那么当时的许多中国企业都属于家族企业、属于“传帮带”，所以做不大。后来，随着企业设立、发展、经营、管理的逐渐规范化，建立一套完整的企业运营法律体系就变得越来越重要。由此，《公司法》孕育而生，成为保护公司、股东和债权人合法权益的关键法律，也成为规范家族企业最重要的法律之一。

我们说，一个企业的内部结构（组织机构）是决定这个企业团结力、凝聚力、战斗力和运转效率的重要力量，也是这个企业内部管理、控制和能力挖掘是否成功的关键所在，它主要包括权责设定、部门设置、职责分配和运行机制等。而《公司法》的主要职责就是明确了企业的权责划分。

按照《公司法》的相关规定，企业的最高权力机构是股东大会，股东大会通过股东年会和股东临时会针对企业重大事项做出决议；企业的管理中枢是董事会，董事会针对企业经营发展战略和重大经营事项做出决议，它也是真正掌握实权、发挥决策作用的关键力量；企业的业务执行是经理人，经理人负责贯彻执行股东大会、董事会的决议；企业的监督机构是监事会，监事会受股东委托行使监督权。

由此可见,《公司法》在企业管理中发挥的最大作用就是厘清企业管理者在企业管理中的权责，严格把控企业的组织架构，使得企业的管理更加严谨、有序，而这些也正是家族企业急需改进的地方。从这个角度来说,《公司法》是规范家族企业最重要的法律之一。

劳动法：规避赔偿风险

《中华人民共和国劳动法》(以下简称《劳动法》)是企业对员工进行解雇和聘用时应遵守的法律条款。相关数据显示，企业在每年遇到的“法律坑”中，超过 1/4 的“法律坑”都涉及劳动人事争议。

从本质上来说,《劳动法》保障的应该是员工和企业的双重权益。而无论从哪个角度看,《劳动法》对企业招选“将才”起到的都是积极作用。首先，从应聘者的角度来说，企业在招聘的过程中，如果使用不合法的劳动合同或者干脆不与应聘者签订劳动合同，那么，这就会让应聘者心存顾虑，担心自己的权益无法得到保障。最终，企业将会因此而错失人才。其次，从企业的角度来说，不懂劳动法的企业往往会让自身陷入法律风险。例如，某位安徽女孩儿曾应聘话务员，而应聘单位的要求为“南京市户籍”，之后，这位女孩儿进行维权，获赔 1.1 万元。

企业不管在招聘前、招聘中，还是招聘后，都会面临许多法律风险。为了有效避免法律风险，企业就必须不断培养自身的法律意识。

会计法：确认成本、收入和利润

对企业管理而言，《中华人民共和国会计法》(以下简称《会计法》)也至关重要，这是因为《会计法》和企业的经济活动直接关联。通过《会计法》，企业股东、企业总经理等相关企业管理人员能够更好地了解会计知识，弄清企业成本、收入和利润的计算方法，从而做到对企业的发展情况和营收情况心中有数。

比如，在企业的招选“将才”中，企业新招聘的员工人数应该由企业的业绩来决定。试想一下，如果企业的 CEO 等企业关键管理人员看不懂企业“账本”，不知道如何计算企业营收、如何确认企业成本和利润，那么他们一定无法做出正确的企业经营管理决策，无法确定企业究竟需要招聘多少新人。

从这个角度看，《会计法》也是企业管理者在管理企业的过程中不容忽视的重要法律。为了方便大家了解《会计法》的相关内容，接下来，我们将为大家列举一些《会计法》中的成本核算方法。

☑ 品种法：该方法主要以“产品品种”为对象来开设生产成本明细账、成本计算单。适用于大批量、单步骤生产的企业

☑ 分批法：该方法是以产品批别为成本计算对象的一种成本计算方法，企业需要以“批号”“批次”为对象来计算成本。适用于单件、小批量生产的企业

☑ 分步法：与“分批法”不同的是，“分步法”以“步”为成本计算对象，具有一系列特定的计算流程、方法与含义。适用于大批量流水生产的企业

……

除了要学会确认企业成本外，企业管理者还需要对企业的收入有所了解，根据相关会计法的规定，企业的主要收入来源如图 2-6-4 所示。

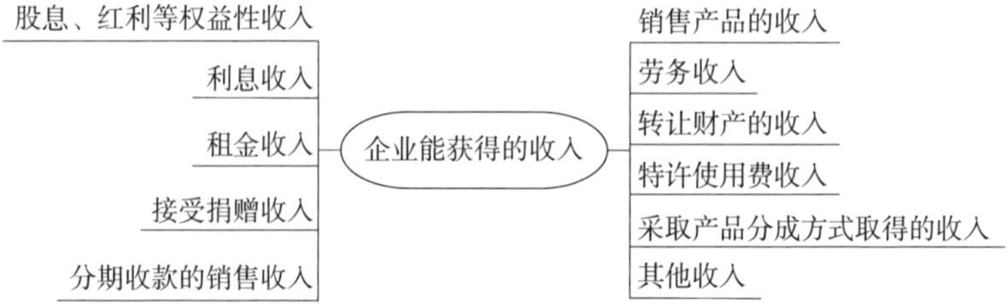

图 2-6-4　企业能获得的收入

需要注意的是，在这些收入中，企业接受的捐赠收入涉及一个税务知识——企业所得税。假设你的企业获赠一台设备，其增值税专用发票含税金额为10万元，那么你就要交10/（1+13%）×25%=2.2124万元的企业所得税（其中，13%是增值税税率，25%是企业所得税税率）。因此，企业CEO在确认企业收入的过程中，需要遵循增值税法、企业所得税法、个人所得税法、税收征管等相关法律。

我们在确认企业的成本和收入之后，就可以算出企业的利润了，因为利润 = 收入–成本。

总之，与企业经济活动一脉相承的成本、收入和利润是企业管理者不应忽视的重要内容。

刑法：避免重刑处罚

在企业管理中，涉及刑法的内容主要有职务侵占、资金挪用、贪污等相关事件的法律条款。企业的管理者必须要有这方面的法律意识，否则就容易被金钱诱惑，做出违法的事情，被判以重刑。

例如，《中华人民共和国刑法》第一百五十八条规定：申请公司登记使用虚假证明文件或者采取其他欺诈手段虚报注册资本，欺骗公司登记主管部门，取得公司登记，虚报注册资本数额巨大、后果严重或者有其他严重情节的，处三年以下有期徒刑或者拘役，并处或者单处虚报注册资本金额百分之一以上百分之五以下罚金。

第一百六十四条规定：为谋取不正当利益，给予公司、企业或者其他单位的工作人员以财物，数额较大的，处三年以下有期徒刑或者拘役，并处罚金；数额巨大的，处三年以上十年以下有期徒刑，并处罚金。

总之，了解刑法相关内容至关重要。要知道，作为企业管理者，一旦我们违背了刑法，那么等待我们的将是严厉的惩罚，企业也将受到牵连。

以上介绍的四大法律都是企业管理者在管理企业的过程中要重点注意并学习的法律。总之，作为企业管理者，只有不断增强自己的法律意识，时时刻刻用法律约束自己，牢记“依法治企”，企业才能真正杜绝“家文化”，最终实现“法理情”。

严进方法二：契约精神

伴随着民主的诞生，契约应运而生。我们在招纳人才时，对方是否具有契约精神，也是我们需要考察的重点之一。这是因为，如果员工没有契约精神，企业内部的重要机密、规章制度等，就会有被泄露和被违反的风险，这会给企业发展带来不必要的麻烦；反之，如果员工具有契约精神，那么无论对于企业还是对于员工自己，它都是一种保护、一种制约。

当然，我们这里提到的契约精神，并不是企业强加给员工的“霸王条款”，而是一种自由、平等、守信的精神，它强调的是企业和员工都能受到契约的保护。

那么，企业员工的契约精神究竟表现在哪些方面？在本节，我们将详细为大家介绍人力资源系统中最直接、最常见的 4 种契约。这 4 种契约也正是员工契约精神的具体体现。

劳动合同

劳动合同是指劳动者与企业之间确立劳动关系，明确双方权利和义务的协议。劳动合同的制定和变更应该遵循平等自愿、协商一致的原则，并且不能违背相关法律法规。它也是企业管理中最常见、最普遍的一种契约。

在现实的企业管理中，许多企业管理者都会陷入这样一种理解误区：劳动合同只是用来保护劳动者的。其实不然，劳动合同同样也保护着企业的利益。站在企业的角度，企业与员工签订劳动合同主要有三大理由（见图 2-6-5）。

图 2-6-5 企业与员工签订劳动合同的三大理由

1. 签订劳动合同的必要性——法律规定必须签订劳动合同

《中华人民共和国劳动合同法》（以下简称《劳动合同法》）第八十二条规定：“用人单位自用工之日起超过一个月不满一年未与劳动者订立书面劳动合同的，应当向劳动者每月支付二倍的工资。”这也就意味着，一旦企业确立与员工的雇佣关系，从法律层面上就要与其签订劳动合同，否则就违背了法律规定，会受到相应的处罚。

如今，随着《劳动合同法》的不断普及以及人们法律意识的不断提升，在实际生活中，正规企业刻意不与劳动者签订劳动合同的情况已经越来越少。但许多企业最容易忽视的是，当与员工签订的劳动合同到期后，企业一定要及时续签，以规避不必要的法律风险，避免因为一时的疏忽而给自身带来巨大的麻烦。

2. 签订劳动合同的合理性——劳动合同是证明存在劳动关系最有力的证据

企业要重视与员工签订劳动合同的第二大理由是劳动合同是证明存在劳动关系最有力的证据。

相信许多企业管理者应该遇到过类似的情况：在某些特殊情况下，员工会拒绝承认在企业工作过，从而掩饰自己窃取企业机密或其他损害企业利益的行为。在这种情况下，如果企业与劳动者签订了劳动合同，它就会成为对企业最有利的证据。

根据我们的实际经验，当企业没有与员工签订劳动合同，又想证明员工与企业之间的雇佣关系时，情况会变得非常复杂，企业的证明成本会大大提高，获取证据的方式远不如一纸劳动合同来得简单、快捷。

3. 签订劳动合同的优越性——劳动合同是企业合理使用劳动力的重要手段

一般情况下，当与员工签订劳动合同时，企业会与员工约定好对方的工资、岗位、期限、工时制等主要条款，也会在合同内附上企业的管理制度。此外，企业还可以在劳动合同中提出一些不违背劳动法律法规的强制性规定，比如，按时、按质完成工作等。

那么，在实际的工作中，如果员工违背了相应的管理制度，例如，无法按时、按质完成工作，劳动合同的相关条款就会成为企业对员工进行处罚的重要依据。这样一来，员工就需要按照企业的要求完成相应的工作内容，并自觉遵守企业的相关规定，从而提高自己的劳动生产率。

以上便是企业要重视与员工签订劳动合同的三大理由。此外，新员工在进入企业之后，往往很难迅速融入集体，而签订劳动合同在某种程度上有利于提升员工的归属感，从而能够加快员工身份意识的转变，帮助员工迅速融入集体。

竞业限制合同

除了劳动合同外，竞业限制合同也是企业要重视的契约之一。

由于岗位的特殊性，企业内部的核心员工对企业的经营状况和技术状况通常都了如指掌，并且这些核心员工在行业内的工作经验也十分丰富，当他们选择跳槽时，往往会选择与自己之前就职企业相似的企业。

这也就意味着，这些核心员工在离职后，很有可能成为竞争企业的得力助手。甚至，因为自身的便利和业务的需要，他们还会情不自禁地使用原企业的商业机密，这对原企业而言，无疑是致命的打击。为了防止这种情况出现，竞业限制合同就变得至关重要。

举个例子，某企业的一位高管要离职，而这位高管又掌握该企业的诸多核心机密，一旦其在离职之后选择自主创业，其创业企业就很可能会成为该企业的强劲竞争对手。到那时，如果高管泄露或利用自己掌握的核心机密，那么这对该企业而言是致命打击。在这种情况下，该企业就可以选择与高管签订竞业限制合同，要求高管在离开企业的两年之内，不得从事目前所从事的相关职业，从而有效规避风险。

值得注意的是，企业在与员工签订竞业限制合同时，必须付给员工一笔竞业限制费用，即经济补偿金。如果企业不付给员工经济补偿金，那么按照规定，员工就可以不履行竞业限制合同。

此外，在企业内部，并非所有人离职都需要签订竞业限制合同，有些非核心员工根本不会接触到企业的核心机密，自然也就无从泄密。按照劳动合同法的规定，一般来说，企业只能与以下 3 类员工签订竞业限制合同（见图 2-6-6）。

1.高级管理人员

总经理、副总经理、财务负责人、上市公司董事会秘书和公司章程规定的其他人员

2.高级技术人员

高级研究开发人员、技术人员、关键岗位的技术工人等容易接触到商业机密的人员

3.其他有保密义务的人员

其他可能知悉企业商业机密的人员，比如，市场销售人员、财会人员、秘书等

图 2-6-6 需要签订竞业限制合同的 3 类员工

需要注意的是，竞业限制合同并不具有强制性，员工可自主选择是否签订。如果某些岗位性质特殊，那么我们建议企业在该岗位员工刚入职时就与其签订竞业限制合同，避免员工在离职时拒签。

同时，在招聘新员工时，企业需要审查员工是否和原企业签订了竞业限制合同。因为企业一旦聘用签有竞业限制合同的员工，就很难证明自己与该员工没有共同侵犯原企业的商业机密，所以我们在招聘时一定要慎重对待这个问题，以免被卷入劳动纠纷。

具体来说，企业在审查员工是否和原企业签订了竞业限制合同时，审查要点主要有以下 3 点。

☑ 新员工是否和原企业签订过竞业限制合同

☑ 新员工是否已和原企业解除劳动合同

☑ 如果新员工与原企业签订过保密协议，那么企业必须对此进行深入了解

保密协议

保密协议是指员工在进入企业时，与企业签订的一份为企业内部资料保密的协议书。在保密协议生效后，无论签订保密协议的员工仍然在职还是已经离职，都应该按照协议约定保守秘密。如果该员工把资料透露给第三方，那么他就要承担相应的损失和法律责任。

对企业来说，企业内部的核心机密几乎决定了企业在行业中的竞争力。如果这些机密被泄露，那么后果将不堪设想。而保障机密不被泄露的重要手段就是与员工签订保密协议。

说到这里，我们不妨一起看一个案例。

2011 年，I 公司推出了“员工内部创业计划”，在该项计划实施之后，华为的 3 名员工相继申请离职创业。他们在上海成立了 J 公司，并很快与 K 公司达成合作，之后他们的创业公司被 L 公司收购。

后来，I公司将这3个人告上了法庭，原因是他们与I公司签订了《保密协议》，在离职时他们也签订了《离职员工承诺书》，而他们创立的J公司的大部分产品，都涉及I公司的商业机密。

这3个人很显然侵犯了I公司的商业机密，违背了《保密协议》的规定，最终不得不承担相应的法律责任。

在这个案例中，除了I公司的利益受到侵害之外，L公司的利益同样受到了侵害，他们收购J公司的款项被冻结，为此次收购项目投入的人力、物力和时间成本也是巨大的。事情之所以发展成这样，是因为L公司在制订收购计划时，没有仔细调研这3个人的就业经历，以致被卷入一场商业纠纷。

这个经典案例也提醒作为企业管理者的我们：在招聘员工时，为了避免出现类似情况，如有必要，我们一定要在员工入职时与其签署保密协议，也要事先核查好该员工是否背负着原企业的保密协议。

知识产权归属协议

人力资源系统中最常见的最后一种契约是知识产权归属协议。归纳起来，受到保护的知识产权主要有以下5类（见图2-6-7）。

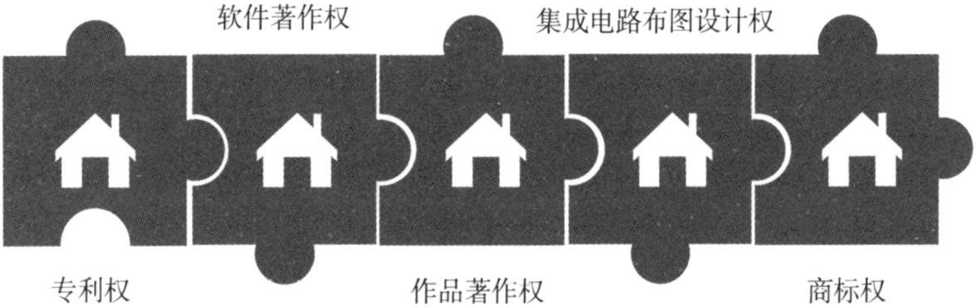

图 2-6-7　常见的 5 类知识产权

如今，随着时代的发展，人们对于知识产权的保护意识也逐渐开始觉醒。然而，在现实生活中，当我们把目光聚焦到工作上时，我们会发现许多人依然无法分清知识产权的归属，不明白某项知识产权究竟是属于企业还是属于员工个人。

通常情况下，当员工为企业进行研发、设计工作时，如果用到了企业资源，例如，企业的信息、材料、客户或是与企业相关的任何技术，那么知识产权就应该归属于企业。也就是说，按照规定，员工在工作时间内使用企业的设备、资源，进而创造的劳动成果都归企业所有。知识产权是一种无形产权，员工可以享有署名权，但它的使用权和转让权都归企业所有，员工无权干涉。

不过，为了稳妥起见，企业最好能与员工签署相关的知识产权归属协议。从本质上说，知识产权归属协议就是给企业撑起的一把知识产权保护伞，它能够帮助企业抵御来自内部的知识产权侵犯行为。

以行动教育为例，行动教育的每位讲师都会与行动教育签订知识产权归属协议，该协议指出知识产权归企业所有，讲师在工作期间享有相关课程的使用权，可以公开讲课。但如果讲师在离开了行动教育后，仍然讲授相关课程，那么行动教育就会对讲师进行追责，因为其侵犯了行动教育的知识产权。

目前，行动教育共有 430 多条知识产权，这些知识产权也是所有在行动教育工作过的老师共同研发出来的。

以上为大家介绍了人力资源系统中最常见的 4 种契约，希望大家能够学以致用，也希望不必要的劳动纠纷、知识产权纠纷等都能越来越少。

严进方法三：建章立制

中国有句俗语——“铁打的营盘，流水的兵”，意思是无论士兵如何变动，兵营是不会改变的。

这句话用在企业管理上也恰如其分：如果管理者全凭个人喜好管理企业，那么企业将变得混乱不堪，企业内部也将充满官僚风气；反之，如果管理工作被制度化、流程化，不轻易受到管理者个人的影响，那么企业管理就会变得更简单、更高效。这一点在招选“将才”上的表现尤为突出。

从本质上来说，建章立制也是杜绝“家文化”，让企业管理从“情理法”过渡到“法理情”的关键。

管理的本质就是建章立制

正所谓“没有规矩，不成方圆”，企业管理者在管理企业时，如果没有设立相应的规章制度，管理工作就会缺乏参照标准。如此一来，企业管理者既无法判断企业管理是否高效，也无法按照法定程序确定员工工作流程，最终，企业的管理工作便会犹如一团乱麻，理也理不清、扯也扯不断。反之，在管理企业的过程中，如果企业管理者能够将所有标准都“白纸黑字”地写下来，并按照这些制度、流程和标准去严格执行，那么企业的管理工作就会变得相对轻松。

之所以会有这种反差，正是因为建章立制有着其他管理工具和管理手段所无法比拟的优越性，从某种程度上来说，管理的本质其实就是建章立制。归纳起来，建章立制有四大优势（见图 2-6-8）。

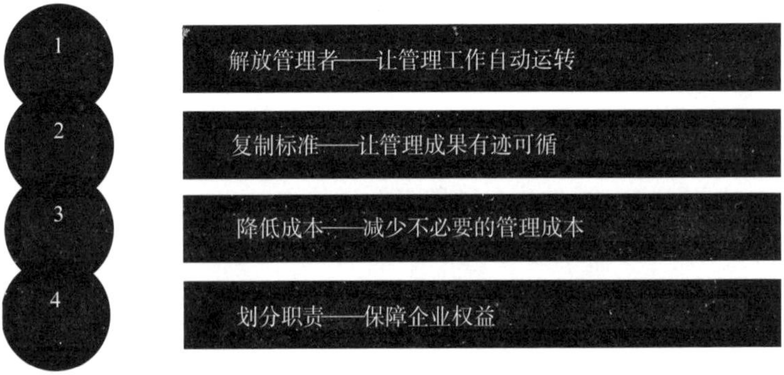

图 2-6-8　建章立制的优越性

1. 解放管理者——让管理工作自动运转

建章立制最大的好处，就是它可以让管理者从琐事中解放出来，即使管理者不在，企业也依然能够正常运转。

以招聘为例，通常情况下，企业的招聘工作是由人力资源部负责，人力资源部又会有专门的招聘制度和招聘流程。在实际的招聘过程中，面试官只需要按照企业的招聘制度和招聘流程步步推进即可，而不用事事依靠人力资源总监的督促。如此一来，人力资源总监就可以有更多的时间和精力去兼顾其他更重要的事情，而不必在招聘的细枝末节上浪费时间。

2. 复制标准——让管理成果有迹可循

成功不可复制，但成果可以，而成功复制管理成果的前提就是要依照特定的标准。而建立标准的基本要求就是让工作规范化、流程化。

相信在实际的企业管理中，大家也会有这样的感受：一旦某项工作变得规范化、流程化，那么无论新员工还是老员工，只要按照这个标准操作，即便不能让企业产生巨大的创新并形成一定的优势，也能够保证这些工作的开展不会出现严重纰漏。这便是建章立制的魅力。

如果运用到企业的招选“将才”中，最典型的制度就是建立人才胜任力模型。而人才胜任力模型从本质上来说，就是人才选拔标准的提炼和复制。

3. 降低成本——减少不必要的管理成本

对企业管理而言，管理者的试错成本是非常高的。在现实的企业管理中，如果管理者允许每位员工都按照自己的想法去工作，那么员工就会不断出现不同的错误，而这些错误最终都需要企业买单，都会转化为企业的管理成本。

在这个过程中，如果企业能够做到建章立制，将工作流程固化下来，并且将容易出错的地方进行重点标示，就可以大大减少员工的差错率，从而降低企业经营成本。

此外，如果企业没有相应的规章制度，那么相关岗位上的员工就可能做出为了个人利益而罔顾企业利益的事情。比如，某些企业的采购员能够决定企业购买哪些产品和服务，如果他们没有受到制度约束，就很可能要求供应商请他们吃饭、给他们送礼等，而在他们收了供应商给的好处后，即便这些供应商的产品达不到企业的要求，他们也会选择这些供应商的产品，如此一来，企业就会花费更高的价格购买品质更差的产品。这对企业而言，也是一种成本的浪费。

4. 划分职责——保障企业权益

管理者按照企业规定的流程进行管理，并设立相应的规章制度，这不仅仅关系到员工的切身利益，也保障了企业管理者和企业自身的权益。

举个例子，企业工会要充分给予员工知情权，将所有信息发送到员工的邮箱里。而在现实的企业管理中，如果工会没有按照流程做出这样的举动，那么一旦出现纠纷，企业就将陷入危机。

反之，在管理企业的过程中，如果我们将所有流程都制度化、规范化，一步一步按照规章制度去实施，那么即使出现纠纷，我们也只需要列明我们该做的事情都做到了，这就能证明我们的责任已经履行到位了。

建章立制的六大原则

以上我们总结了建章立制的四大优势。既然建章立制如此重要，企业自然不可草率地进行。根据我们多年的企业管理实践，我们总结出了建章立制的六大原则，以供所有管理者参考（见图 2-6-9）。

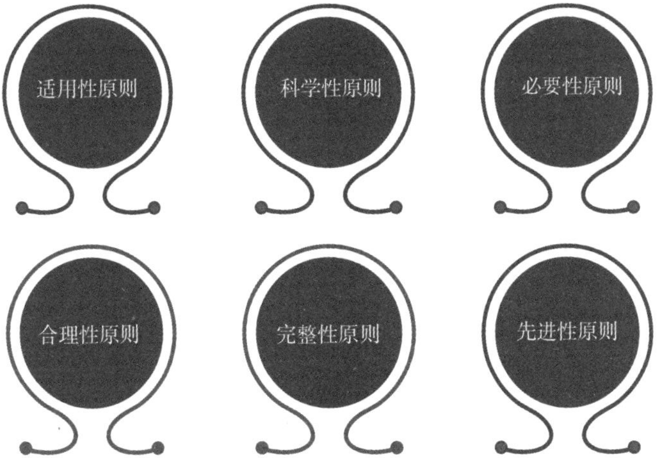

图 2-6-9 企业建章立制的六大原则

1. 适用性原则

适用性是指企业在建章立制时，要从自身实际出发，从企业的规模、业务特点、从业方向、技术特性等方面考虑，使制定的制度和流程既符合法律规定，又便于企业实行，使其具有可行性和适用性。

反之，如果企业在建章立制时完全不考虑企业和员工的实际情况，那么其制度肯定会存在问题。

2. 科学性原则

在建章立制时，企业首先要遵守客观规律，设立的制度要符合管理学的一般原理和方法，因为那是前人不断累积的经验。只有具有科学性的规章制度，才能将我们的管理引向科学、理性、规范的轨道，并最终促进企业的发展。

3. 必要性原则

制度是管理的有力武器，但制度并不是越多越好。管理者应该从企业的实际需求出发，做到必要的制度一个都不能少，不必要的制度一个也不能要。这是因为，建立过多的制度也会使企业的管理走向另一个极端，让员工的工作内容变得更加冗杂，并最终降低员工的工作效率。

比如，在现实的企业管理中，几乎每个人都知道一些非正式的行为规范，在这些行为规范能很好发挥作用的前提下，我们就没必要将这些行为规范变成硬性规定，以免伤害员工的自尊心，降低员工的工作热情。

4. 合理性原则

建章立制一定要合理，这种合理性一方面体现在制度要严谨、公正，具有高度的制约性，另一方面也体现在制度不能不近人情，过于严苛。

在现实的企业管理中，我们接触过许多销售型企业，这些销售型企业无一例外都会制定一些激励制度，原本这些制度的制定是为了促进员工创收，可因为这些制度大多伴有苛刻的惩罚，例如“完不成业绩就要横渡长江”等，最终引起了员工的强烈不满，反而引发了员工的负面情绪。

总之，制定制度的本质是管理员工，但这并不意味着制度要特别严苛。

5. 完整性原则

企业既然要建章立制，就要建立完整的制度。这里的完整性，除了要求企业在制定制度时全面考量之外，还要求企业内的制度形成系统，不能出现漏失或衔接不当的情况，更要避免前后矛盾、要求不一致的情况出现。因为自相矛盾的制度容易让员工摸不着头脑，不知道该遵守哪一条制度，管理者也不知道该依照哪一条制度进行评判。

6. 先进性原则

企业的规章制度不应当是一成不变的，而应当随着时代和企业的发展不断更新、优化。对于那些过时的、落后的制度，我们要及时摒弃，以便在不同时期让不同的制度发挥不同的作用，体现不同的管理重点。

同时，在制定制度时，企业还可以充分吸取其他企业的优秀管理经验，集众家之所长，制定更具先进性的制度。

以上我们分析了企业建章立制的优势和原则。最后，我们想强调的是，流程和制度是现代企业内部管理最重要的工具之一，企业要想实现从“人治”向“法治”的转变，就必须学会简化制度，学会依靠流程、制度去管理员工、规范行为。此外，企业内部的制度和流程应贯穿于企业管理的全过程，包括考勤制度、管理制度、流程制度、入职制度、报销制度、财务制度等。

第七星 善用

用人所长，打造高绩效团队

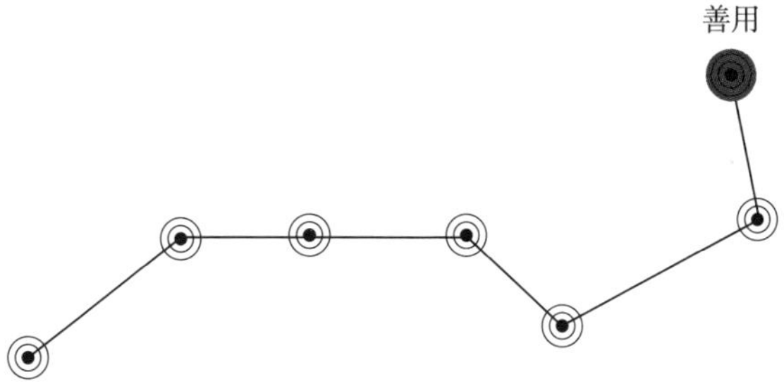

同样一个人，A 面是其不擅长的短板，B 面是其一鸣惊人的优势 / 特长 / 天赋。作为企业管理者，如果你只看到了人才的 A 面，那么你可能给企业招进了一个“庸才”，最好的结果也只能是让人才成为无功无过的普通员工。反之，如果你发现了人才的 B 面，恭喜你，你就为企业招到了人人都在寻找的 A 级人才。

聚天下英才而用之，首要在聚，核心在用。在招选“将才”的过程中，很多时候，企业真正缺少的并不是 A 级人才，而是善于发现人才优势 / 特长 / 天赋的眼睛和用好优势 / 特长 / 天赋的能力。

说到这里，你或许会发出这样的疑问：作为管理者，如何才能发现并用好人才的优势 / 特长 / 天赋？这也是“北斗七星”最后一星——“善用”要解决的问题。

归纳起来，“善用”的诀窍主要有两点：一是把不适合的人

“清”出团队，二是挖掘留用之人的优势 / 特长 / 天赋。其中，把不适合的人“清”出团队可以依靠“赛马制”；而挖掘留用之人的优势 / 特长 / 天赋则要依靠“专家制”（见图 2-7-1）。

图 2-7-1 “善用”的方法论

知人善任，方能人尽其才。毋庸置疑的是，“善用”是用人的最高境界，也是招选“将才”的最终目的。从画布，到画像、画饼，再到广招、慎选、严进，最后到善用，招聘工作便形成了一个完整的闭环。而衡量这个闭环是否完美的重要依据正是人才能否得到“善用”。

“善用”：知人善任，用人所长

人才是企业的第一资源，在人力资源管理中，企业不仅要培养、吸纳人才，更要留住人才。企业只有充分重视并解决了人才的“善用”问题，人才才能更好地为企业工作。

“善用”的重要性

提到善于用人的管理者，很多人都会想起刘邦。作为“草根皇帝”，刘邦以一介布衣提三尺宝剑崛起于乱世，诛暴秦，抗强敌，定天下，创立了汉朝。刘邦的成功，既是得益于他的敢于斗争、善于学习，也是因为他具有高超的领导艺术，懂得广纳人才、知人善任。

在平定天下后，刘邦曾深有感触地对群臣说：“就出谋划策来说，我不如张良；就安抚天下供给军饷来说，我不如萧何；就联合兵力、打胜仗来说，我不如韩信；这3个人都是杰出人才，我能够利用他们，这是我夺得天下的原因。”（出自西汉·司马迁《史记·高祖本纪》：夫运筹帷帐之中，决胜于千里之外，吾不如子房。镇国家，抚百姓，给馈饟，不绝粮道，吾不如萧何。连百万之军，战必胜，攻必取，吾不如韩信。此三者，皆人杰也，吾能用之，此吾所以取天下也。）

刘邦的成功史正是管理者广纳人才、量才而用的最好佐证。以史为鉴，其“知人善任，让人才真正发挥自己作用”的用人之道在今天仍然值得我们学习和借鉴。

作为企业管理者，即便我们的个人能力再强，也只有在群体智慧得到充分调动、充分发挥的前提下，才能得到最大化地发挥。换言之，在实际的管理过程中，管理者并不需要“事必躬亲”，但一定要懂得调动员工的积极性，做到将员工放到最合适的位置，使每个员工都能发挥最大的价值。毕竟，把事情做好是员工的事，怎样让员工一起把事情做好则需要管理者在团队中起到引领作用。从这个角度来说，如何聚才、人才聚集起来后怎样用才，值得每一位企业管理者深思。

总之，“善用”的意义就在于企业管理者要充分挖掘并运用员工的优势/特长/天赋，让员工最大限度地“动”起来、更好地为我们工作。这也是管理者最大的职责所在。

“善用”的本质：用师者王，让专家做专家的事情

在前文中，我们通过刘邦的用人之道，了解了“善用”的重要性。那么，“善用”的本质究竟是什么，或者说，我们需要通过“善用”达到什么目的？在回答这一问题之前，我们不妨先来了解一下用人的三重境界。

古人把用人之道分为三重境界。

☑ 第一重境界——“用徒者亡”：如果你总是用比你差的人，那么把自己累死还自我感觉良好的你，最终将被别人灭掉

☑ 第二重境界——“用友者霸”：如果你总是用和自己差不多的人，那么你们或许也可以做出一番事业，但很难做大事业，你们还有可能因为“分赃”不均而大打出手，不欢而散

☑ 第三重境界——“用师者王”：如果你可以请出你的老师，用比你更厉害的人，那么你就无敌了

这三重境界，也是现代企业管理的三种不同方式。毋庸置疑的是，最后一重境界——“用师者王”是最值得企业管理者学习和借鉴的。但作为企业管理者，如何才能做到“用师者王”？这就要考验管理者的“善用”能力了。

从本质上来说，在经过了“三级管理”和“五道安检”后，最终获得入职资格的员工一定具有企业所需要的“德”“才”“岗”。相比于管理者，员工的综合能力或许会逊色一些，但其在专业方面的能力可能会更胜一筹。因为在企业发展的过程中，管理者扮演总领全局的“杂家”角色，他懂各方面的知识、技能，但并不需要精通；而员工扮演的是“专家”的角色，他要把自己负责的具体工作做好。因此，在现实的企业管理中，管理者要做的就是充分了解并挖掘员工的“才”，把他们安排到合适的岗位上，让人才各司其职，发挥出最大效用。这个过程就是所谓的“善用”。

从这个角度来说，善用的本质就是用师者王，让专家做专家的事情。当然，实现这个过程并不容易。前面说过，“人性”是最复杂的，在现实的生活中，许多管理者往往并不愿意驾驭或任用比自己更强的人，而“善用”强调的恰恰是要挖掘员工强过自己、最优秀的那一面。

这也就意味着，在“善用”的过程中，管理者必须学会驾驭

比自己能力还强的人。而要想驾驭比自己能力还强的人，企业管理者就必须有胸怀、有自信。

善用方法一：赛马制

“善用”的关键是让不适合的人离开，让适合的人发挥长处。其中，比起“用人所长”，更困难的应该是“请人离开”。那么，在招选“将才”的过程中，管理者如何才能做到不动声色地将不适合的人“清”出团队？

阅读本节内容后，你或许会有所收获。

赛马制：让不适合的人主动离开

在用人的过程中，你或许也曾碰到这样一类员工：他和你私交很好，但却不适合目前的岗位。这种情况下，倘若你明确让他离开公司，你们之间的关系可能会就此破裂；倘若你委婉地让他离开，而他又没有自知之明，怎么办？

此时，最好的办法就是通过举办一场“赛马竞选”，让他主动离开。在这一点上，李践老师就为我们做出了很好的示范。

在李践老师创业的初期，他的团队人员大部分都是在李践老师开跆拳道馆时就跟随他的跆拳道教练和馆长。

后来，公司逐渐走上了正轨。按照公司的组织架构，这些人中的大部分都已经不再适合相关岗位了。为了解决这个问题，李践老师分别试探了几位教练和馆长，希望他们能够做出职位调整，或者离开公司，结果却不尽如人意。那几位教练和馆长要么信誓旦旦地表示自己要始终跟随李践老师，要么反问李践老师是不是嫌弃自己。

出于多年的感情，李践老师不好直接让他们离开，可他又深知继续把他们留在当前的岗位，对公司、对他们自己都不是一件好事。就在李践老师感到为难和苦恼的时候，风驰传媒当时的人力资源总监给李践老师出了一个好主意。他对李践老师说："不如举办一场'赛马竞选'吧，说不定那些不适合的人就自己离开了。"

最后，李践老师接受了这一建议，很快就在公司内部组织了一场"赛马竞选"。竞选的方式很简单：参加竞选的员工首先向大家进行自我展示，展示的内容包括论述自己去年实现的目标、今年准备实现的目标，以及自己实现目标的方法、策略等。演讲结束后，再由员工不记名投票，公司按照组织架构的要求，选出得票最高的几个人。

果然，通过这种方式，那些不适合岗位的人最后都主动离开了公司。

看到这里，大家或许会很疑惑："赛马制"究竟有什么魔力，为什么一场“赛马竞选”结束后，那些原本的“老大难”最后都主动离开了？答案其实很简单——“赛马制”抓住了人性的弱点。

大家不妨思考一下：人性的弱点是什么？爱面子。相信关于这一点，许多人都深有感触。对很多人而言，面子甚至比钱更重要。而“赛马竞选”的逻辑，正是通过竞选、借助其他员工手里的“刀”，对员工进行分类，把员工分为“三六九等”和“一二三名”。最终，那些因为没实力、没绩效、没能力而排在末尾的不适合的员工就会选择主动离开。

三步“赛马制”

“赛马制”正是利用竞选的赛制抓住了人性的弱点和本质，最终倒逼不合适的人离开。看到这里，相信许多深受“心慈手软，不好意思劝退员工”之困的管理者一定已经心动了。那么，“赛马制”应该如何进行？

从选人的角度来说，举办“赛马制”的底层逻辑主要有两点：一是员工的意愿，即员工是否有从事竞选岗位的意愿，如果有，那么愿不愿意参加竞选；二是清晰的组织结构，即企业今年要新进多少人，业务线和专业线分别进多少人，一定要清晰明了。缺少了这两大逻辑，“赛马制”就失去了意义。

在具体的操作层面上，“赛马制”又可以分为以下 3 个步骤来进行。

1. 确定组织架构

在开始竞选之前，企业首先要把组织架构设计出来，并根据战略进行未来人才规划，确定具体哪些岗位需要留用多少人。关于这部分内容，在前面的章节中我们已经详细介绍过，这里就不再赘述。

2. 竞选

岗位和人数确定后，接下来就到了最关键的竞选阶段。竞选的流程要按照从高到低、以上统下的规则来进行。

前面强调过，参与竞选的员工一律要本着自愿原则。参与竞选的职位必须与参与者现任的职位级别是相近的，并且竞选报告的目标要十分清晰，比如，竞选面试官的人就要把选人、育人目标罗列出来，竞选管理层的人就要把企业的整体收入、成本、利润目标罗列出来。

从企业的角度来说，整个竞选的流程要标准化，即每个人的竞选时间、提问的问题个数必须是统一的，这样才能保证“赛马制”的公平性。

具体来说，企业分配给每位竞选者的时间以20~30分钟为宜，在竞选的过程中，竞选者可以按照下列流程进行发言（见图2–7–2）。

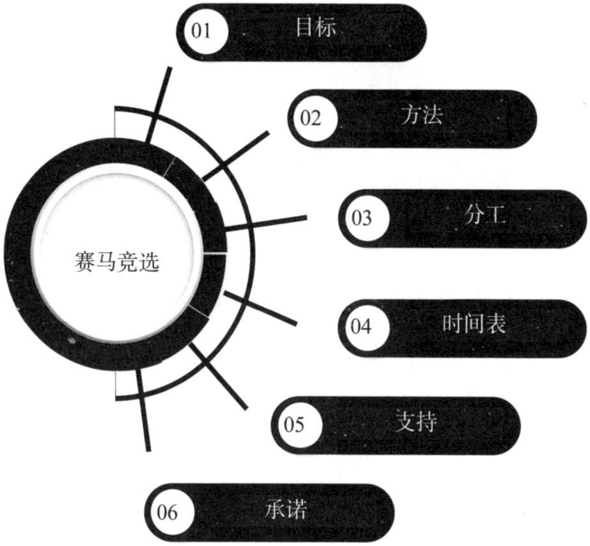

图 2-7-2 “赛马竞选”的发言流程

3. 投票

在所有人竞选完毕后，企业全员参与投票。不过，与通常的“假民主”（董事长最后决定人选）投票方式不同，“赛马制”采用不记名投票方式，即便每个人坐在同一个房间，其投票也不会被人看见，这样能够保证投票的公平性。

在这种不记名投票中，若 2/3 的人投赞成票，那么这个人就竞选成功。虽然这 2/3 的投票率看起来很容易实现，但实际上一个人得到这么多票数是很不容易的。

总之，“赛马制”这种竞选机制能够帮助企业轻松实现“优胜劣汰”，达到“善用”的目的。

善用方法二：专家制

“善用”的第二种方法是“专家制”，即用人所长，让专家做专家的事情。远在春秋时期，管仲就曾提出用人要“任其所长”的理论。他在《形势解》中写道：“明主之官物也，任其所长，不任其所短，故事无不成而功无不立。”此外，德鲁克认为，卓有成效的管理者善于用人之长；用人不在于如何减少人的短处，而在于如何发挥人的长处。

那么，为什么要强调“用人所长”？“用人所长”的前提是什么？如何才能真正做到“用人所长”？这些是本节将要阐述的重点内容。

“用人所长”的“化学反应”

所谓“用人所长”，就是要充分发挥每个员工的长处。实践告诉我们：一个组织要想取得工作成效，关键便在于充分运用组织中所有人的优势 / 特长 / 天赋，把它们汇总起来，去创造共同的业绩。从这个角度来说，“用人所长”是管理者善于用人的一个重要表现，它所产生的“化学反应”主要体现在以下两个方面。

1.“用人所长”能激励员工追求更高层次的成就感

正所谓“尺有所短，寸有所长”，这世上没有完美的人，缺点是必然存在的。在实际的企业管理中，如果作为管理者的我们只能看到员工身上的缺点、弱势，那么员工就会感到沮丧，就会失去工作的动力；反之，如果管理者善于发现员工身上的优势 / 特长 / 天赋，并懂得充分发挥员工的优势 / 特长 / 天赋，那么员工就会因为被肯定、被信任、被认可而产生巨大的满足感、幸福感和成就感，最终，这种满足感、幸福感和成就感又会激励员工产生更强烈的进取心，追求更高层次的成就感。

2.“用人所长”有助于增强员工的自信心、归属感、荣誉感

如果一个员工在进入公司后，其所做的工作是他从未接触过的、不熟悉的或者不擅长的内容，他就会感到无所适从，也会因为没有相关经验、做得不够好甚至出现工作失误而丧失工作信心。反过来，如果员工在进入公司后，即便开始做着不擅长的工作，但管理者通过细致观察，找到了他的优势 / 特长 / 天赋，并且根据他的优势 / 特长 / 天赋，将他调到了更适合的岗位，那么他就会由过去的不适应变得适应，由过去的不顺手变得如鱼得水。相应地，员工的自信心、归属感和荣誉感也都会得到大幅提升。

总之，不管站在企业的角度，还是站在员工的角度，“用人所长”都能起到积极正面的促进作用。

“用人所长”的 3 种方式：面试 + 比赛 + 套路

那么，管理者如何才能做到“用人所长”？

首先，“用人所长”的前提是“知人所长”。中国有一个成语

叫“知人善任”。顾名思义，“知人”是指了解一个人，“善任”是指善于给别人安排任务，让别人为我们工作。在“知人善任”中，首先要做到“知人”，而后才能做到“善任”。这也就意味着，在现实的人才招聘中，管理者要想“用人所长”，首先就要“知人所长”，即弄清楚员工有什么才能、其才能体现在哪些方面；员工有什么长处和短处，在什么岗位上工作最合适。

归纳起来，“用人所长”主要有 3 种有效方式（见图 2-7-3）。

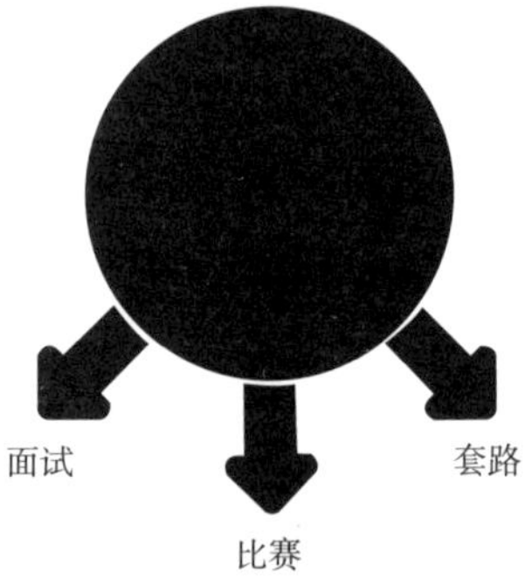

图 2-7-3 “用人所长”的 3 种有效方式

1. 面试

“用人所长”的第一种有效方式是面试，即通过面试时的交流，了解应聘者的优势 / 特长 / 天赋，找到应聘者的“长”。当然，要想更好地做到这一点，企业也需要讲究面试的方法。关于这部分内容，前文已有详细介绍，这里就不再赘述。

2. 比赛

“用人所长”的第二种有效方式是比赛，即通过举办技能比赛找到在特定领域具有优势 / 特长 / 天赋的人。

比如，因为业务发展需要，你的企业需要一名抖音运营人员，那么，为了找到在短视频运营方面最具有优势 / 特长 / 天赋的人，你就可以举办一场短视频制作比赛，最终的获胜者就是你要找的人。

3. 套路

套路其实就是方法论。要知道，在这个世界上，专家之所以能成为专家，正是因为他们在某个领域十分擅长，形成了自己解决问题的一套快速有效的方法论。

一般来说，套路的形成主要有两大途径。

一是后天的坚持和积累。在现实生活中，我们常常会看到这样的现象：某个人数十年如一日地坚持做某件事，最后，他就成为做这件事的专家。这里所体现出的就是坚持和积累的力量。

二是源自天赋。不管你是否相信，在这个世界上，有些人在有些方面的确是具有天赋的。这种天赋是与生俱来的，这种具有天赋的人才可能不需要经过任何训练，就可以在自己擅长的领域做到如鱼得水。这种“如鱼得水”就是他们处理事情的套路，是他们闭着眼睛都知道怎么做的方法。

所以，作为管理者，最关键的一点还是要找到人才的优势 / 特长 / 天赋。找到人才的优势 / 特长 / 天赋就相当于找到了他们做事的套路。

以上为大家总结了“用人所长”的 3 种有效方式。正如唐太宗李世民在《帝范·审官第四》中所说的那样："智者取其谋，愚者取其力，勇者取其威，怯者取其慎，无智、愚、勇、怯，兼而用之。"作为管理者，一定要学会"用人所长"，做到使不同类型的人才各安其位、各尽其能。这是管理的精髓，也是管理的最高境界。